임길순 수필집

슬픔을 사랑합니다

임길순 수필집
슬픔을 사랑합니다

초판 1쇄 발행일 2022년 5월 10일

지은이 **임길순**
펴낸이 **박서영**
편　집 **정진희 박윤정**
펴낸곳 **한국산문출판**

등록번호　제2013-000054호
주　　소　03131 서울특별시 종로구 율곡로6길 36, 207호, 208호
　　　　　(눈니동, 월드오피스텔)
대표전화　02)707-3071
팩　　스　02)707-3072
이 메 일　koreaessay@hanmail.net

값 15,000원
ISBN 979-11-978710-0-9 (03800)
ⓒ 임길순, 2022

※ 잘못 만들어진 책은 교환해드립니다.
　 이 책 내용의 일부 또는 전부를 재사용하려면 반드시 저작권자의 동의를 얻어야 합니다.

임길순 수필집

슬픔을 사랑합니다

한국산문출판

추천사

　　　　　임길순의 수필은 글의 안과 밖, 사람의 안과 밖을 자연스레 생각하게 한다. 이는 글에 그가 어떤 사람인가를 바로 알 수 있는 '표정과 모습'이 잘 담겨 있기 때문이다. 누구나 그렇듯이 마음은 표정과 모습으로 몸 바깥에 나타난다. 그는 생래적으로 따스한 마음을 지녔기에 그의 글에서 드러나는 표정과 모습도 따스하다. 미사여구로 애써 아름답고 따스하게 그의 마음을 포장해 내놓지 않아도 된다.

　나아가 삶의 순간순간을 수행의 바탕으로 여겨 그다지 집착하지 않는다. 그도 오욕과 칠정을 지닌 인간이기에 늘 번민한다. 그는 번민조차도 수행의 '에너지'의 밑받침으로 쓴다. 번민은 주로 슬픔과 괴로움 때문에 일어난다. 하지만 그는 곧바로 뒤집기를 한다. 슬픔과 괴로움조차도 그의 마음이 가닿으면 아름다움을 자아낸다. 그는 이 세상 온갖 것을 사랑한다. 그런 그이기에 슬픔조차도 사랑하는 건 당연하다!

- 박상률(작가)

임길순의 수필은 소중한 인연을 맺고 풀어가는 그녀만의 방법론적 실천이다. 불가적 경험과 사유가 은은하게 흐르는 그녀의 글에는 "달항아리의 유연한 곡선"처럼 둥글고 부드러우며 아름다운 솜씨와 맵시가 살가운 피붙이처럼 담겨 있다. 다시 그녀의 글은 따듯한 감성에 얹혀, 사라져가는 모든 것들에 대한 애잔한 옹호의 마음으로 나아간다. 그렇게 작가는 주변에서 친숙하게 경험할 수 있는 여러 삶의 문양文樣들을 보듬어 친화력 높은 문장으로 우리에게 전한다.

그녀의 수필은 마음속에 아름다운 사람을 간직하는 것이야말로 참다운 행복임을 증언하는 낱낱 일지日誌요 섬세한 관찰기이며 실존적 고백록이다. 삶의 길을 함께 걷는 이들을 일러 도반道伴

이라 하거니와, 임길순의 수필에는 우연인 듯 필연인 듯 꿈같은 인연들이 숱한 도반이 되어 등장한다. 그네들은 사람에 대한 예의를 귀하게 여기고, 산동백을 닮은 미소로 번져가기도 하고, 노을을 함께 바라보며 말없이 앉아 있어도 좋고, 일생을 다해 기다리면서 무애행無碍行을 실천하는 "숭고한 사라짐"의 존재자들이다.

우리는 이러한 임길순의 수필을 통해 '활연대오豁然大悟'의 순간도 만나게 되고, 세상과 청산이 나란히 있는 쓸쓸하고도 장엄한 풍경도 바라보게 되고, 형형하게 내리치는 죽비 소리도 돌연 듣게 된다. 그리고 궁극적으로 '지극至極함'이라는 말에 천천히 가닿게 된다. 생명이 묻어 있는 슬픔을 '사랑'이라고 새삼 명명하는 그녀의 봄날 같은 마음이 이렇게 정정하고 우뚝한 존재론으로 다가오고 있는 것이다. 그 아름다운 항심恒心의 결실이 향원익청香遠益淸의 언어가 되어 지상의 모든 이들에게 번져가기를 마음 깊이 희원한다.

― 유성호(문학평론가, 한양대학교 인문대학장)

머리말

유연하게 유전하여 마주하고 싶다

　　　　　인연을 맺고 풀어 나가는 저의 일상에서 소소하거나 커다랗거나 그 어느 하나 소중하지 않은 것이 없습니다.

　행복하거나 슬프거나 그 모든 것은 돌고 돌아 유전流轉할 것이기 때문에 제가 저를 살펴보는 여러 방법이 있는데 그중의 하나가 달항아리의 유연한 곡선을 바라보는 것입니다.

　동서남북 어느 방향에서 보아도 둥근 곡선도 처음엔 직선이었겠지요.

　둥글게 유연하여 아름다운 선, 달님을 닮은 하얀빛의 달항아리를 좋아합니다. 초승달을 보면 언제 보름달이 될까 하는 기다림이 있고 보름달에서 점점 작아지는 달님을 보면 세월에 묻어서 사라지는 아쉬움이 있지요. 이렇게 초승달에서 보름달로 둥근 만월이었다가 그믐달로 유전하는 둥근 선과 하얀 달항아리는 많이 닮아 있습니다.

  제가 수필을 쓰는 것도 그렇게 유연하게 유전하기 위함입니다.

  아직은 모르겠습니다. 제가 달항아리의 어느 선까지 와 있는지, 그믐달의 어느 부분인지 몰라서 많이 부끄러워서 망설였던 『슬픔을 사랑합니다』를 세상에 보내 봅니다.

  달항아리처럼 유연해져 가는 그런 과정 중에서 겪은 아름다운 인연들과 어리석은 행동들입니다.

  글을 퇴고하면서 내가 나를 마주할 때 부끄럽지 않을 나를 꿈꿔 보았습니다. 달항아리처럼 부드럽고 유연하게 유전하는 상상도 했습니다. 여전히 소소한 일상에서 놀고 있었습니다. 초승달에서 만월이 되고 만월에서 그믐달로 다시 초승달로 그렇게 보내고 있었습니다. 그렇게 나를 마주하고 있었습니다. 나를 살펴보는 일에 도움을 주신 임헌영 교수님, 박상률 교수님, 유성호 교수님, 지인, 가족, 내 곁에서 예쁘게 피워 준 꽃에도 고맙습니다.

2022년 5월
임길순

차례

4 추천사 _ 박상률·유성호
8 머리말

1부
하루 동안의 행복

16 하루 동안의 행복
26 간절하면 통한다
34 그랬으면 좋겠다, 그리되었으면 좋겠다
45 그놈의 커피
52 말하면 될 걸
55 환幻

2부
인간적인, 너무나 인간적인

60　꽃샘추위

63　산사에 아기 부처님

68　인간적인, 너무나 인간적인

77　다리

82　침묵의 집

88　나는 아직도 꿈을 꾼다

96　향일암 가는 길

102　읽기만 해도 치유가 되는 신나는 이벤트
　　　_ 정아경

3부
슬픔을 사랑합니다

- 110   슬픔을 사랑합니다
- 113   동행
- 117   그네 탄 송사
- 124   줄탁동시
- 129   마지막 주모
- 135   달 따르다

4부
그곳에 희망이 있습니다

140 그곳에서 희망을 본다
145 각시붓꽃
151 초롱꽃 부부
155 방산굴 비룡 스님
161 통천문
167 경허의 호열자
175 조력자

5부
만나고 싶다

- 180 　봄이 밖에서 오는 줄 알았다
- 186 　산동백을 닮은 아줌마
- 191 　냉동고가 밖으로 나왔다
- 196 　나의 필적을 말한다
- 202 　너무 빠른 이별은 이별이 아니다
- 207 　입차문래入此門來, 막존지혜莫存知慧
- 213 　아름다운 죽음
- 217 　꿈같은 인연
- 223 　청양에서 성동으로

해　설

- 230 　달항아리를 닮은 글쓰기 _ 임헌영

하루 동안의 행복

하루 동안의 행복

"어떻게 왔어요."

"옆에 있는 노만이 스님을 뵙고 와서 제가 꼭 스님을 뵈어야 한다고 해서 같이 왔습니다."

"나랑 한판 붙으려고 왔네."

"아이고! 스님, 아닙니다. 그냥 친견하고 싶어서 왔습니다."

"어디서 왔어요."

"서울에서 왔습니다."

"서울에는 부처가 있어요."

"네."

"그럼, 여주에는 부처가 있어요."

"네."

"서울에도 부처가 있고 여주에도 부처가 있단 말이지."

"네."

"서울에도 부처가 있고 여주에도 부처가 있다. 그럼 연못에 원숭이 그림자가 비쳤는데 원숭이가 있어요 없어요."

"없습니다."

"원숭이가 없다. … 사람이 죽으면 썩잖아요. 썩으면 물이 고이는데 고여 있는 물에 파란 눈이 있어요. 그게 뭐지요."

"모르겠습니다."

무슨 말인가를 할까 망설이다가 삼배를 했다. 즉답을 해야 하는데 난 벌써 머릿속을 굴리고 있었다.

나뭇가지로 툭 걸쳐 놓은 일주문 앞에 섰다. 도량이 협소하여 일주문에서 손을 뻗으면 바로 닿을 듯한 곳에 마치 지리산에 홀로 남은 마지막 호랑이처럼 스님은 딱 버티고 앉아 있었다.

A 부부와 내가 산을 오르기 시작했을 때만 해도 산문을 열어 주지 않으면 어떻게 하나 하는 걱정을 한 짐 지고 올랐었다. 두암 현기 스님은 1970년대 중반 득도하고 경봉 스님이 주석했던 지리산 상무주암에서 40여 년 장좌불와 하면서 세상 밖으로 나오지 않았다. 최근에는 산속의 천진불을 찾는 이들에게 회향回向하고 있다고 한다.

세상에 어떤 그림자도 내놓지 않은 스님과 첫 대면식에서 나눈 대화였다.

물론 도인은 내가 담을 수 있을 만큼만 질문을 던졌다는 것은 말할 필요가 없다. 삼배를 마치고 스님만 바라보며 멀뚱히 앉아 있었다. 편안하게 일어나라고 했지만 일어나고 싶어도 일어날 수 없었다. 저렸던 다리를 이리저리 움직이고 손으로 주무른 뒤에야 일어날 수 있었다.

스님과 사진을 찍고 싶다고 했다.

"허, 원숭이도 없다는 놈이 사진을 찍어."

스님이 나를 이리저리 굴리는 것이라 부끄러웠지만 뻔뻔하게 버텼다. 점심 공양을 하고 가라는 말에 우리는 아이들처럼 좋아했다. A의 남편은 다랑이 밭으로 풀을 뽑으러 가고 A와 나는 점심 준비를 하기 위해 공양간으로 들어갔다.

반야봉을 마주하고 일자형으로 앉은 절이다. 일주문에 서서 절 쪽을 보면 세 개의 문이 나란히 보인다. 그중 하나가 공양간이다. 공양간은 미닫이로 된 문이 달린 쪽만 빼고 전체가 화강암 바위였다. 바위에 지붕을 얹은 격이다. 바위 사이로 물 떨어지는 소리가 시원하다. 바위가 벽이 된 것도 신기했지만 단단한 바위에 못을 박아 살림 도구들을 걸어 놓은 것도 신기하여 얼른 사진을 찍었다. A는 강원도 고성에서 해녀가 채취한 자연산 미역을 배낭에서 꺼내 미역국을 끓이기로 했다.

상무주암 주인이 들어왔다. 바위 안쪽에 딸린 작은 고방庫房에서 쌀을 꺼내 주었다. 바위에서 흘러내리는 물을 저장한 수각에서 쌀을 씻어 전기밥솥에 안쳤다. 깊은 산중에 전기가 있었다. 주인은 장독대 항아리에서 퍼 온 된장에 들기름과 약간의 고춧가루를 넣고 숟가락으로 휘휘 젓더니 우리가 차리던 밥상에 놓았다. 수각 옆에 있는 항아리에 갓으로 담근 물김치가 있으니 짜지않게 물을 잘 섞어 그것도 점심 반찬으로 놓으라신다.

마당에 있는 들마루에 밥상을 놓고 둘러앉았다. 멀리에서 반야봉이 우리를 지혜롭게 보고 있다. 하늘의 구름은 청아하게 흘러가고 다랑이 밭에서 겨울 한철을 잘 지낸 푸성귀들이 싱싱하게 탐스럽다. 행복한 배가 부르다. 머위, 곰취, 가죽나물 등 쌈만 열심히 싸는 우리에게 생 된장국을 가리키며 "먹어 봐요. 농사지어서 빚은 메주로 직접 담근 장이라 맛이 괜찮아요." 한 숟갈 떠서 입에 넣었다. 된장의 달큼하고 짭조름한 맛과 들기름의 고소함이 입안에 배었다. 겨울 햇살을 받고 자란 갓에 소금과 물만 넣어 담근 물김치는 색깔만으로도 아름다웠다. 보라색으로 변한 물김치의 도도한 색에 반했다. 아삭아삭 입안에서 씹히는 갓의 식감엔 겨우내 상무주암에 함께 살았던 햇살이 온전히 담겨 있었다. 밥솥에 한 톨을 남기지 않고 공양을 마쳤다. 스님이 가늠해서 내준 쌀로 지은 밥의 양은 정확했다. 설거지를 마치고 손에 물을 훔치니 바당으로 나섰다. 일 없으믄 차 한잔하고 가라 하신다. 억만금보다 소중한 도인과의 시간에 일이 있어도 없다고 해야 할 행복에 서두를 일이 뭐가 있겠나.

  부처님이 계시는 법당이자 스님이 장좌불와 하는 방에 앉았다. 말차抹茶를 다기 상 앞에 놓았다. 뜨거운 물을 찻사발에 부어 데운 후 녹차 가루를 넣고 차선으로 저었다. 대나무로 만든 고운 차선으로 녹차 가루를 저으니 곱디고운 녹색 거품이 일었다. 그윽하게 피어난 거품이 흰색으로 보이기도 하고 연녹색인 것 같기도 했다. 스님이 건네주신 찻사발을 두 손으로 받아서 향을 음미하고 살며시 바닥에 내려놓았다. 첫 번째 만든 것이니 A 부부와 스님 것까지 아직 세 번은 더 만들어야 했다.

"따뜻할 때 마셔야 좋아요. 마셔요."

그윽하고 향기로운 차와 있으려니 스님의 말이 대숲 바람 소리처럼 들렸다. 천천히 한 모금 입에 넣었다. 입안에 사르르 퍼지는 푸른 맛의 맑음이 난초 향 같았다. 나는 다시 차를 내려놓고 기다렸다. 일없이 차선을 젓는 할아버지와 말없이 떠도는 구름을 찻잔에 담으니 한가하다. 초의 선사는 차 마시는 일을 「동다송」에서 「다선삼매茶禪三昧」로 노래했다.

대숲과 물결 소리 다 서늘하니
맑고 차가운 기운 뼈에 슴배어
속마음 일깨운다
흰 구름 밝은 달만 두 손님으로
깨달음 얻으려 하는 이는
이 이상 좋을 수 없다

정말 이 이상 좋을 수 없다는 소리가 절로 나왔다. 차를 마시면서 삼매에 드는 것, 차 마시는 것에 집중하여 깨어 있어야 한다. 차의 자연스러운 향기에 푹 빠져 헤어나지 못할 때쯤 이번에는 산청 녹차를 준비했다. 스님의 시간을 너무 많이 축내는 건 아닌가 하는 송구함도 있었지만 뻔뻔스럽게 주는 대로 받아 마시기로 했다. 일어나기엔 극락을 통째로 잠시 빌린 것 같은 행복이 너무 컸다. 녹차를 마시면서 성철 스님의 열반송과 알아들을 수 없는 선어들이 쏟아졌다.

한평생 남녀의 무리를 속여서 生平欺狂男女群
하늘에 가득한 죄업이 수미산을 지나간다 彌天罪業過須彌
산 채로 무간지옥에 떨어지니 한이 만 갈래나 되는데 活陷阿鼻恨萬端
태양이 붉은빛을 토하면서 푸른 산에 걸렸구나　輪吐紅掛碧山

"성철 스님 같은 부처님도 무간지옥에 떨어진다 했는데 왜 그랬어요."

눈치 빠른 나는 미소로 침묵했다.

"비유법이 아닐까요."

A의 남편이었다. 아! 그건 아닌데. 오늘 엄청나게 꾸중 듣겠구나 싶었다. 아니나 다를까.

"그런 게 어디 있어요. 죽음이 백척간두인데 비유법이 나와요. 숨이 끊어지는데 이런저런 망상이 나오겠어요. 그런 게 아니에요. 지난번에 어떤 이는 연필로 쓰면서 설명을 하던데 다 틀렸어요."

온화한 할아버지 같던 스님의 일갈에 우리는 칼에 잘리기를 기다리는 풀 같은 신세였다. 차를 마시면서 지옥과 극락을 오갔다.

지리산 산청에서 나온 녹차를 마시고 이번에는 보이차를 선반에서 꺼냈다. 보이차를 준비하면서 해우소에 다녀오라고 했다. 다리가 많이 저려서 쭉 펴고 싶었고 녹차를 많이 마신 터라 해우소가 급하긴 했으나 참고 있었다.

해우소를 향하는 길은 낭떠러지였다. 절벽으로 떨어질세라 조심조심 걸어서 해우소에 쪼그려 앉았다. 멀리 보이는 반야봉으로 날아가는 구름을 바라보느라 언제 소변이 비워졌는지 모른다. 구름은 가는 곳을 알고 가는지. 차의 향기는 소변으로 나갔다.

다시 스님 곁으로 쪼르르 모였다. 해우소도 다녀왔으니 보이차를 양껏 마셨다.

"차를 마시는 이것을 한번 시로 읊어 보세요."

무심하게 툭 던진다.

내가 뒤뚱뒤뚱 소심하게 머뭇거렸다.

"원숭이도 없다면서 한번 해봐요."

"스님! 제가 버릇없이 시를 써도 용서하세요."

스님은 늘 천진불이었으므로 그냥 그대로 미소만 보였다.

"산중의 중이 잘 먹고 잘 살고 있습니다."라며 두 손으로 공손하게 합장을 했다.

천진불은 소리를 내 웃어 젖혔다.

"그래, 그렇게 말하면 되지 조금 전에는 남의 이야기는 뭣 하려 해요. 자신의 이야기를 해야지."

스님의 이런저런 질문에 내가 자신이 없어서 이러쿵저러쿵 남의 핑계를 댄 것을 두고 잘못되었다고 가르친 것이다. 석가가 깨달은 진리의 청출어람보다 더욱 귀한 살불살조殺佛殺祖다. 살불살조, 청출어람은 고사하고 차를 내어 주는 도인의 찻값이나 했으면 좋겠다.

"예전에 저잣거리에서 놀던 중이 해가 지자 걸망을 메고 일주문을 들어가는 것을 보고 시장 사람들이 중은 중이로세 했다는 말이 있어요."

이런 한가한 여백의 아름다움으로 행복이 내 곁에 머무른 게 몇 번이나 될까.

서울로 와서 다음 날 스님께 전화를 드렸다.
"스님! 스님이 계셔서 행복합니다."
"보살님이 행복하다니 저도 행복합니다."
"열심히 정진하겠습니다."
"열심히 정진한다니 고맙습니다."

아직도 상무주암에 흐르던 구름처럼 행복하다.

간절하면 통한다

　　　　　노승이 선재 보살의 손을 잡고 삼랑성 동문 쪽으로 향하고 있다. 손을 마주 잡고 달빛으로 들어가는 뒷모습이 독립 영화를 보는 것 같다. '현기 대선사 벽암록 전등 대법회'에서 눈물샘이 터졌는지 툭하면 눈물이 난다. 지금도 노인이 만드는 풍경에 살짝 눈물이 솟는다. 조금 전까지 있었던 경치에 노승과 선재만 더했을 뿐인데 영화가 되었다.

　그녀에게 세상에 둘도 없을 추억을 만들어 주기 위해 사진을 찍었다. 하나도 놓치지 않고 사진에 담으려 애써 보았으나 순간 흐르는 감동은 마음에 저장하는 것이 훨씬 좋을 듯싶었다. 노승과 어린아이 같은 선재의 새벽 산책길을 어지럽히고 싶지 않아서 머뭇머뭇 뒤를 따랐는지 아니면 서성였는지 모르겠다. 스님이 자꾸 뒤를 두리번거리는 듯하여 가까이 가서 인사를 드렸다.

"상무주암에서 스님을 두어 번 뵌 적이 있어요. 스님은 아마 기억하지 못하실 거예요."

"목소리가 귀에 익다. 목소리가 기억난다…."

"네! …."

"법명이 뭐지."

"관음화예요."

"관음화라."

나지막이 '관음화'를 읊조리셨다. 스님은 눈이 많이 안 좋으시다. 그래서 『벽암록』 법문을 시작하는 첫날 법상에 올라 "내가 나이가 많아서 책을 읽어 가면서 강의하는 것은 불가부득해요. 옆에서 읽어 주면 내가 강의할게요." 바로 앞에 있는 탁상시계의 시간도 구별하지 못하신다. 이렇게 해서 경전 연구로 널리 알려지고 법랍 지긋한 ○○ 스님이 송頌 하나를 읽으면 스님이 설법하는 방법으로 하고 있다. 전등사 회주 스님은 현기 스님의 공양을 시봉하고 있다고 한다. 위아래 없이 존경하는 모습도 아름다운 풍경이다.

노승과 우리는 벤치에 나란히 앉았다. 내 손을 따뜻하게 잡아 주셨다. 나는 스님을 친견하고 싶어 애달파하는 도반에게 전화했지만 아쉽게도 연결되지 않았다.

새벽 3시, 깨어나고 싶지 않은 고요한 시간이 지나갔다.

전등사 주지 스님이 노승을 모셔 와서 벽암록 전등 대법회를 열고 이런저런 염려를 하자 여러 말씀 중에 매사 지극하면 된다고 했단다. 지극至極하다! 오랜만에 듣는 말이다. 노승도 지리산에서 사부대중에게 지극한 정성으로 왔다. 그리고 자정부터 도량을 포행했다. 그건 밤이 이슥하도록 대자유를 갈구하며 깨어 있을 대중을 위한 사랑이었고 만나는 사람들의 두 손을 따뜻하게 잡아 주었을 것이다.

지극하면 통한다는 것은 어떤 것일까. 선재 그녀를 전등사에서 처음 만났고 나는 현기 스님을 서너 번 친견한 것에 불과하지만 그녀는 오랫동안 스님을 뵈었다고 한다. 선재도 스님이 지어 주신 법명이다. 나는 첫 만남에 그녀의 순수함에 반했고 언어를 절제하는 모습에 놀랐다. 스님이 『벽암록』 3칙 「마조일면불馬祖日面佛」을 설하실 때 노승의 이야기라서, 굴에서 처절하게 수행하는 모습을 보았기 때문에 해우소에서 눈물을 씻었다고 한다. 노승은 설두(980~1052)의 이야기를 전하는데 그녀는 또 다른 설두를 보고 있다.

송頌

일면불월면불日面佛月面佛이여
오제삼황시하물五帝三皇是何物고
이십년래중고신二十年來僧苦辛하니
위군기하창용굴爲君幾蒼龍窟고

굴屈

감술堪述

명안납승막경홀明眼衲僧莫輕忽

 마조 스님께서 일면불월면불과 함께하는 경지에서 무슨 삼황오제(중국의 전설 속의 황제) 따위를 말할까 보냐.

쓰디쓴 이십 년 세월이여, 그대를 위해 몇 번이나 창용굴에 갔던가.
힘들었다, 어찌 다 말로 표현하리오.
눈 밝은 수행자라도 소홀히 말게나.

송에 나오는 일면불, 월면불 일화는 이러하다. 건강이 안 좋아 보이는 마조도일(709~788) 스님이 염려되어 살림을 맡은 원주가 큰스님 건강이 어떠하냐고 여쭙자 마조가 답하기를 '일면불월면불이지'라고 하여 간화선의 공안이 되었다. 일면불은 1,800세를 살고 월면불은 하루 밤낮 동안만 사는 부처님의 명호이다. 가장 긴 수명을 사는 부처와 가장 짧은 수명을 사는 부처를 대비시킨 것이다. 불교의 법은 마음과 마음으로 전해지는 것이라 이심전심 도리라고 한다.

원주 스님은 노인의 건강을 묻고 무슨 답을 기다렸을까. 스승은 자신의 수명이 끝나는 순간에도 제자에게 기회를 놓치지 않고 도를 전하려 한 것이다. 마조가 일면불월면불이라고 할 때 원주 스님은 마조의 뜻을 감파勘破했을까.

선재는 어디에서 눈물을 훔쳤는지. 설두가 창용굴에서 감파한 마조의 일면불월면불의 소식을 알았을까. 설두가 말한 창용굴은

용이 사는 굴에 목숨을 걸고 들어가 용의 수염 아래 있는 여의주를 가져와야 하는 일을 깨달음에 비유했다.

죽어야 산다고 한다. 설두 스님과 지리산의 주인은 여의주를 위해서 몇 번이나 생사를 넘나들었을까. 상무주암 주인이 1970년 중반 즈음에 깨달은 뒤에 다시 살기 위해 지리산 창용굴에 들어갈 때 어떤 심정으로 들어갔을까. 설두가 20여 년 동안 창용굴에서 자신을 버리고 본래 모습을 찾아 고행 끝에 타파하여 감술堪述했을 때 그것을 어찌 다 말로 표현할 수 있겠는가. 선재는 이 모습이 상무주암 도인의 모습이라서 눈물을 씻었다고 한다. 선재 또한 도인이라는 생각을 떨칠 수가 없었다.

도는 사부대중에게 평등하다.

지리산 꼭대기에서 40여 년이 넘게 승고신僧苦辛을 하던 그가 노구를 이끌고 전등사에 와서 경내를 우주의 숨처럼 움직여 나무와 바위, 흙, 풀, 물, 바람에게 손길을 건넨 까닭이 무엇일까. 노승이 중생을 지극히 사랑함이다.

설법이 끝난 막간에 누군가가 내 곁으로 와서 일면불월면불이 무슨 말인지 모르겠다고 푸념하는 소리를 듣고 그녀는 "사람들은 스님의 말씀을 또 해석하려고 하는구나!"라는 놀라운 말을 쏟아

냈다.

상무주암 주인이 지리산을 창용굴 삼아 정진한 후 다시 태어난 것을 안 것이다. 죽어야 산다, 막연하고 슬프고 환희에 찬 말이지만 육식六識 경계에서는 화두가 타파되지 않는다라는 노승의 말에 눈물샘이 터졌다. 배고플 때 밥 냄새의 환장할 맛을 안다. 굶주린 창자가 꿈틀거리고 배고픈 본능은 더 몸서리친다. 맛있는 냄새는 배고픔만 더할 뿐이지 허기를 채우지 못한다. 도인은 이걸 '그림 떡'으로 설했다. 그림 속의 밥은 아무리 들여다보고 있어도 배만 더 고프다.

주린 창자를 채울 때처럼 도는 본인이 직접 창용굴로 들어가 봐야 안다. 노인은 아무리 먹어도 배부르지 않은 그림 떡을 직접 먹게 하려고 지리산에서 강화도 전등사로 죽음을 각오하고 내려왔다. 『벽암록』을 설하는 첫날, 자신의 말이 거짓이고 허물이라며 겸손하게 낮췄다.

선재는 자신은 마음으로 말하지 않고 가슴으로 말한단다. 나는 그녀가 때리는 방망이에 또 맞았다. 마음은 아직 육식 경계가 남아 있어 도를 깨치기가 어려워도, 티끌이 없어 안과 밖이 같다는 가슴으로 말하는 법을 아는 것이다. 그래서 전등사 주지 여암 스님도 30년 넘게 선객으로 머물지만, 도인을 모시기 위해 상무주암을 세 번이나 올랐고 사부대중은 모두 대선사라 부르며 예와 격식을 갖추지만 그녀는 할아버지 스님이라 부른다. 할아버지는 선재의 손을 잡고 전등사에서 달빛 속으로 걸어갔다.

「마조일면불馬祖日面佛」을 설한 그날 그녀는 할아버지가 너무 뵙고 싶어 간절하게 시그널을 보냈다고 했다. 그리고 내가 멀찍이 서서 바라보는 것을 노승은 모두 알고 있었다고 한다. 나는 아직 흉허물이 많이 남아 있어 선재처럼 가슴으로 말하는 법을 모른다. 매사에 지극至極해야 한다는 것과 간절하면 통한다는 그것도 아직은 잘 모르겠다.

그랬으면 좋겠다, 그리되었으면 좋겠다

"스님, 무슨 나물이지요?"

"광대나물이에요."

생소한 나물이다. 산나물을 삶아서 마당 가득 널어놓았다. 5월의 태양에 뜨겁게 잘 마른 나물이 부서질세라 살살 흔들어 펼쳐 널면서 하릴없이 물었다. 산에는 나물이 지천으로 자란다. 이른 봄에 잡초라 부르거나 풀이라 여기는 웬만한 그것들은 모두 먹을 수 있다. 산나물을 뜯어서 삶아 말린 뒤 묵나물을 만들어 다음 해

봄까지 먹어야 한다. 나물을 널 때도 나물 너는 일에만 오롯이 집중해야 한다. 더군다나 스님이 지켜보고 있으니 손놀림 하나에도 망상이 들었는지 아실 거다.

한 무리는 다랑이 밭에서 풀을 뽑았다. 또 다른 이는 스님이 다녀오라는 곳에서 야생 표고버섯을 한 무더기 따 왔다. 표고버섯이 적당히 커야 하는데 내가 봐도 먹을 수 있을까 싶을 정도로 큰 것이 보였다. 그것을 본 스님은 한 처사님을 불렀다.

"이리 좀 와 보세요. 어제 표고버섯 꼼꼼하게 따 왔다고 했지요. 그런데 저렇게 큰 게 있었던 게 뭐라고 생각해요."

"…."

갑자기 더워진 태양이 지리산을 달구었고, 상무주암에도 열기가 대단했다. 나물 뒤집던 손을 슬며시 거두고 자리를 피했다. 해가 기울기 시작하고 대중은 각자의 현재로 돌아갔다. 내려갈 사람은 내려가고 남을 사람은 남았다.

지난번 스님을 처음 뵀을 때 우리는 스님이 주시던 차로 인해 곁을 많이 내어 주셨다고 여겼다. 다음에 다시 와도 되는지, 며칠 묵어도 되는지 떼를 썼었다. 집으로 오는 차 안에서 A의 남편은 부인에게 도인 곁에서 몇 달만이라도 정진을 해보면 어떻겠냐고 했다. 지리산의 도인과 함께 반야봉을 바라보며 자연과 호흡해 본다는 것은 득도와 관계없이 소중한 재산이 될 것이다.

그렇게 해서 그녀는 다시 상무주암을 올랐다. 행자 아닌 행자 생활을 하면서 가끔 나에게 소식을 주기도 하고 한번 다녀갔으면 좋겠다고 했다. 나는 집안일이 한가해지면 가겠다고 했지만 벌써 상무주암에 있다.

"무주행, 이리 좀 오세요."

무주행은 A의 불명이다. 나물이 마당 가득 널려 있어서 자칫하면 밟힐까 조심조심 걷는 일에 집중한다. 마당 가장자리 샘에서 물뿌리개에 물을 받고 있었다. 우리가 다가갔다.

"저 밑, 밭에 가서 자세히 보면 양배추 모종과 조그맣게 싹이 올라오는 곳이 있을 거예요. 물뿌리개에 물을 받아서 주고 오세요."

일일부작이면 일일불식을 지키는 스님이다. 겉으로 보기에는 움직임이 없어 보이지만 산중 생활이라는 게 잠시도 게으를 수 없다. 그녀의 행자 수련이기도 했다. 물뿌리개 가득 물을 받아서 들고 다랑이 밭으로 내려갔다.

"내가 들을까요?"

"아니에요. 제가 해야지요."

사실 경사가 심한 산을 개간했으니 말이 좋아 밭이지 산이나 마찬가지였다. 몸만 오르내리는 것도 버겁다. 계단식으로 된 다랑이 밭에는 상추, 쑥갓, 고추, 감자, 양배추, 갓, 옥수수 등 많은 모종이 자라기도 하고 새싹들이 올라오고 있었다. 빈 몸으로 오르내리기도 힘든데 물을 가득 들고 오르내리기란 쉽지 않았다. 새싹들에 물을 흠뻑 뿌려야 하는데 몇 번 오르내리고는 지쳐서 호스를 살짝살짝 스치듯이 주었다. 계단식 다랑이 밭에서 절을 향해 오르다 위를 쳐다보니 스님이 우리를 보고 있었다.

"물을 골고루 줬어요."

"네."

"채소들이 고맙다고 해요."

약간의 잔꾀를 부린 탓에 대답은 못 하고 서로 얼굴만 바라보았다.

"양배추하고 갓 싹이 올라오는 곳에는 다시 한번 더 주고 와요."

다시 마당에 있는 샘에 물을 받으러 경사진 비탈길을 오르고 받은 물을 밭에 주러 내려가기를 거듭했다. 모종들은 아기 손

같은 조그만 잎새를 발랄하게 나풀거렸다. 남새들은 산나물이 없어질 때쯤 귀한 먹거리가 될 거다. 나중에 전화로 들은 이야기지만 호스로 된 긴 물뿌리개가 있었는데 며칠을 오르내리며 물을 준 뒤에야 호스를 내어 주셨다고 한다.

"스님이 왜 그랬는지 모르겠어요."

그녀의 말이다. 스님은 A를 담금질하시는 중이다. 얼마나 많은 담금질을 당해야 응무소주이생기심應無所住而生其心 할 수 있으려나. 머무른 바 없이 마음을 내지만, 나를 버리지 않으면 절대로 다다를 수 없는 길이다. 며칠 동안 머리를 못 감았다는 그녀는 땀범벅이 된 머리를 감았고 나는 세수를 했다.

저녁 공양은 김장 김치와 미나리 초무침이다. 절에서 먹는 김장 김치는 고춧가루를 넣고 소금으로 간을 맞춘 것뿐인데 일 년 내내 먹어도 마치 박하사탕을 먹었을 때처럼 입안이 상쾌하다.

스님이 치는 죽비 소리에 맞춰 부처님께 세 번 절하는 것으로 저녁 예불을 마쳤다. 인법당과 툇마루 사이에 대형 유리창을 덧댄 조그만 마루가 있다. A와 나는 그 마루에 앉았다. 도인은 낮이고 밤이고 40여 년 앉아 있던 툇마루에 앉았다. 그 자리는 스님의 지정석이었다. 산중의 밤은 해가 지고 나서 서서히 어둠이 내리는가 싶어 잠시 곁눈질하는 사이 아무것도 보이지 않는 깜깜이다. 달님도 별님도 없다. 촛불도 켜놓지 않아 어둠만이 있다. 두 시간 정도 화두를 챙기고 일어났다. 지리산의 주인은 아직도 움직임이 없다.

A와 나는 마당을 비켜 절의 오른쪽에 있는 정자 겸 마루로 쓰는 곳으로 갔다. 그쪽은 천황봉이 보이는 곳이지만 마루에 앉아서 보이지 않는 천황봉을 보려 애썼다. 내일은 비가 오려는지 달님도 별님도 여전히 얼굴을 내밀 기미가 없다. 아쉬움도 크고 공기도 차가워서 손전등을 이용해 살금살금 방으로 들어왔다.

스님은 그 자리에 여전히 그대로 있다.

도인은 평생 눕지를 않았으므로 이불이 없다. 밤이 찬데 옷은 어떻게 하고 계시나 보려 하니 워낙 캄캄한 밤이라 추측으로 저기에 검은 물체로 있는 사람이 스님이겠구나 할 뿐이다. 스님은 앉아 있다가 밤을 낮 삼아 포행을 하기도 한다. 그리고 앉은 채로 잠깐 잠을 잔다. 그러기를 40년이 넘었다.

나는 스스로에게 스님처럼 깨어 있어라, 늘 깨어 있어야 한다, 시간과 시간의 간격을 없애야 한다, 들숨과 날숨의 간격에서 깨어 있어야 한다고 노력할 뿐이다.

"지금, 이 순간 일념이 만년을 갑니다."

상무주암 도인의 법문이다.

지금이 얼마나 소중한가. 시간과 시간의 간격이 없어지고 시간과 공간의 간격이 없어진 지금, 이 순간 깨어 있어야 한다. 대자유란 절대 자유다.

새벽 2시에 일어났다. 잠시 아주 잠시 눈을 감았다 뜬 것 같다. 아마도 나의 현생이 이런 것이다. 잠시, 아주 잠깐이었던 것 같은데 한 생이 지났을 것이다. 다행히 내일이 있고 미래가 나를 기다렸던 것처럼 다음 생이 나를 기다릴 것이다.

여전히 기다리던 봄날의 벚꽃 같은 화려한 별님은 없다. 지리산 주인의 기운만 서려 있는 시간이다. 잠을 잊은 지 오랜 주인의 죽비 소리에 맞춰 새벽 예불을 마쳤다. 지난밤에 앉았던 자리에 다시 앉았다. 앉아 있으려니 슬슬 졸음이 온다. 다리도 저렸다. 몸을 좌복에서 슬쩍 움직여 벽에 등을 기대니 훨씬 편안했다. 절은 전체가 반야봉을 마주하며 정진하기 위한 공간으로 지어진 것 같았다. 지금 앉아 있는 마루, 도인의 지정석, 공양간, 해우소까지 그러하다. 잠을 쫓으려 하니 화두가 도망갔다. 졸음이

오는데 졸음과 싸우는 주인공은 누구인지. 호흡을 하는 이가 누구인지.

아직은 어둠이 가려 주인을 볼 수가 없다. 화두는 잠시 잊고 40여 년 긴 세월을 한순간처럼 같은 자리에 앉아 수행하는 도인에 대한 환희심이 몰려왔다. 그러자 졸음에서 벗어나졌다. 어젯밤에 열심히 노래하던 새인지 아닌지 모를 그들의 새벽 인사가 시작되었다. 새들도 밤새 많이 자랐을 터다. 아침 해가 눈앞에 있고 구름이 절 밑에 있다. 잠이 달아나고 날숨을 내쉬니 들숨이 기운차게 들어온다. 지리산의 모든 것들이 들어온다. 밤새 편안하게 쉬었을 공기, 바람, 물, 흙, 그리고 깨어 있던 주인의 그 알 수 없음까지 눈물이 나도록 벅차게 들숨으로 들어온다.

아침 공양으로 죽을 먹었다. 새벽 들숨으로 들어오는 것에 유독 습기가 많더니 비가 오기 시작한다. 갑자기 천둥이 치면서 굵은 빗줄기가 떨어진다. 여전히 도인은 지정석, 그 자리에 있다. A는 비가 오니 오늘은 울력이 없겠다며 몸이 가벼운 미소를 짓는다. 빗소리에 젖는 시간이다.

스님이 차를 마시자고 불렀다. 차담을 제일 기다린다. 그때가 도인과 벗할 수 있는 시간이다. 차가 담긴 항아리의 포장지를 벗기면서 "허이구, 참 허이구, 참."을 연신 한다. 차의 명인이 다녀가면서 놓고 갔단다.

녹차를 우리는 동안 항아리를 건네면서 한번 보라고 한다. 앙증맞은 옹기 항아리다. 뚜껑을 열고 안을 살펴보니 찻잎이 새의 부리보다 작았다. 차를 잘 모르는 나도 귀한 차라는 것을 알 수 있었다. 코로 가져가니 새끼 새의 부리 같은 향이 난다. 차는 연한 황토색으로 우려졌다. 몇 번을 우려도 여전했다. 사방의 중앙이자 땅의 기운인 차의 황토색에서 자연의 소리를 들어야 한다.

주인은 새끼 새의 부리 같은 생명의 차를 주시면서 자연의 섭리인 도를 같이 주었지만, 나는 차 향기에만 취해 있을 뿐이었다. 그래도 지리산의 1,080m에서 듣는 빗소리와 차 향기가 어우러진 시간이다.

그렇게 시간이 흘러 점심 공양 시간이 되었다. 비구름에 가려서 지리산이 보이지 않는다. 산 전체가 비를 맞고 구름을 쓰고 있다. 내가 구름 위에 있었다. 신비로운 꿈을 꾸는 것 같았다.

우산을 쓰고 미나리꽝으로 갔다. 미나리를 베어다 초무침과 전을 만들었다. 빗물이 흥건히 밴 미나리를 다듬어 초무침과 전을 부쳤다. 초무침은 미나리를 손가락 마디로 잘라 다시마 효소와

감식초, 사탕수수, 효소, 고춧가루, 깨소금을 넣고 새콤달콤하게 무쳤다. 너무 커져 버린 표고버섯도 넓적넓적하게 채를 썰어 들기름을 많이 넣고 볶은 다음 깨소금을 뿌렸다. 전은 미나리를 길게 잘라 반죽해 놓은 우리 밀을 살짝만 묻혀 프라이팬에 부쳤다. 방금 부쳐 낸 따끈따끈한 미나리전을 손으로 길게 뜯어 맛나게 잡수셨다.

"미나리가 좋은 음식이에요. 정화작용이 뛰어나거든요."

스님이 미나리전을 맛있게 잡수시는 것을 보면서 오스카상을 받은 「미나리」영화를 생각했다. 서울은 오스카상을 수상한 윤여정 이야기로 야단법석이다. 그래서인지 비를 흠뻑 맞은 미나리꽝이 유난히 아름다웠다. 세상에, 지리산에 피어난 꽃 중에 예쁘지 않은 꽃이 어디 있을까마는 윤여정도 꽃이고 미나리꽝도 꽃이다.

아쉬워하는 그녀와 다음을 기약하고 산에서 내려왔다. A가 언제까지 그곳에서 수행하게 될지 모른다. 그녀의 남편이자 도반도 퇴근 후에는 집에서 열심히 정진하고 있다고 한다. 그녀가 지리산 도인의 법비를 받아 미나리가 가졌다는 정화작용을 거치고

강하게 견뎌서 성성적적惺惺寂寂해졌으면 좋겠다는 간절한 바람을 가져 본다.

고요한 가운데 깨어 있고, 깨어 있는 가운데 고요하게 있을 줄 아는, 그랬으면 좋겠다. 그리되었으면 좋겠다.

그놈의 커피

눈에 띄는 것은 온통 하얀 눈으로 덮였다. 천지가 눈이었지만 길은 천창이 뻥 뚫린 터널처럼 있었다. 신비스러운 세계를 만난 것처럼 아름답기도 하고 조심스럽기도 한 아주 묘한 백색의 마을이었다. 꿈속이었지만 꿈에서나 만날 법한 눈의 나라였다고나 할까.

집중해서 한 걸음, 또 한 걸음 옮겨야 했다. 그렇게 천천히 걷다 초가집을 보았다. 아주 조그만 집은 지붕과 마당이 눈으로 맞닿아 있었다. 집이라기보다는 눈더미로 변해서 신비스러운 기운을 내뿜는 그런 초가집을 지나치고 비석을 만났다. 모든 게 눈으로 덮여 있었지만, 눈을 하나도 맞지 않고 서 있었다. 그것의 당당함과 내용이 궁금하여 바짝 다가갔다. 높이가 내 키의 두 배는 되어 보였고 글자들이 빼곡했지만 난 까막눈이 되어 읽을 수가 없었다. 꿈속에서도 이곳이 어딘지 모르니 다시 찾아올 수도 없다는 생각에 탁본해야 하는 것 아닌가 하는 아쉬움으로 비석의 글자를 손으로 쓰다듬었다.

그런데 기이하게도 내 손이 닿자 비석의 글자들이 검은색 가죽처럼 쫘악 벗겨졌다. 조금 전 탁본을 해야 하는 것 아닌가! 하는 내 마음을 읽기라도 한 것처럼 가죽에 탁본한 느낌이었다. 더 기이한 것은 알아볼 수 없는 많은 한자 중에 가운데 네 글자가 새가 날듯이 공중을 커다랗게 날아 나한테 왔다.

나는 너무 좋아서 신이 났다. 바로 이거야! 그토록 열망하던 것들의 답이야. 내 앞으로 날아온 한자를 쉬지 않고 연거푸 소리 내어 읊조렸다. 평상시에 좋아했던 장자의 우화 「소요유消遙遊」 편에 나오는 붕鵬이라도 된 것처럼 마음이 공중에 떴다. 처음에는 나를 찾고 그다음에는 나도 버리고 자연의 순리에 따르는 그런 내가 된 줄 알았다.

  네 글자의 한자를 노래하며 온갖 망령된 즐거움을 맛보았다. 난 이제 끝났어. 그토록 찾고 싶어 했던 것을 찾은 거야, 하며 비석에서 벗겨진 검정 가죽을 손에 들고 신났다. 커튼이 쳐진 것처럼 사방이 하얀 길에서 나에게 날아온 한자를 자비의 화신 '관세음보살'을 부르듯이 부르며 내려왔다.

  꿈속에서의 나는 현실에서의 나와 다르지 않았다. 빨리 내려가서 공부해라 공부해라 채찍질하는 스승한테 잘난 척하고, 현실에서나 꿈속에서나 항상 같이 다니는 도반에게도 가르쳐 주고 등등, 공부를 갈망하는 가까운 인연들이 하나하나 스쳐 지나갔다. 자랑질할 생각에 더욱 신이 났고 그렇게 좋을 수가 없었다.

  그때였다. 어디선가 김이 모락모락 나는 캔 커피가 눈 위를 또르르 굴렀다. 나는 찰나의 망설임도 없이 커피를 잡으러 눈밭을 달려갔다. 몸은 눈에 굴렀지만 커피는 내 손에 들려 있었다. 손길에 커피의 따끈함이 느껴지는 순간 제정신이 돌아왔다. 아하! 하는 탄식과 함께 관세음보살처럼 달달 외우던 그것을 잊어버렸다는 것을 알았다. 비석에서 벗겨 낸 검은색 가죽도 없어지고 캔 커피만 내 손에 달랑 들려 있었다.

그리고 꿈에서 깼다. 꿈을 깨고 나니 허망해서 눈물이 날 지경이었다.

새벽부터 멍하니 거실에 앉아 있는 나에게 남편은 왜 그러냐고 물었지만 이럴 때 남편은 옆에 없는 거나 마찬가지였다. 머리를 쥐어짜며 달달 외던 것을 생각해 보았지만, 도무지 생각나지 않았다. 하필이면 내가 애착하는 커피가 굴러올 게 뭐냐고, 돈이 날아왔어도 쫓아가지 않았을 텐데. 가까운 지인들은 내 커피 사랑을 안다.

참으로 묘하다. 내가 유독 좋아하는 몇 안 되는 것 중의 하나가 따듯한 커피다. '커피만 아니었어도'라고 뒤늦은 후회와 자책을 해본다. 바보처럼 그 중요한 순간에 그걸 쫓아가느냐고 탄식도 해본다. 힘들게 얻은 것을 찰나에 놓쳐 버렸다. 어떤 것이 나를 유혹해도 화두를 놓치지 말았어야 한다. 꿈속이나 현실에서나 나를 망치는 것은 같았다.

그렇게 몇 날 며칠을 곰곰이 생각해도 잊어버린 한자는 생각나지 않았다. 심지어 소백산 죽령에서 비로봉까지 20km를 '생각나라, 생각나라, 제발 생각나라' 주문을 외우면서 고행하듯이 걸어 보았지만 한번 달아난 건 아무리 애달파해도 돌아오지 않았다.

가슴 벅찼던 자랑질을 꿈속에서나마 잠시 맛보는 것으로 허망하게 끝이 났다. 주문처럼 외우고 내려오던 그놈이 생각나야 자랑은 고사하고 꿈꾸었다는 말이라도 해볼 텐데.

집착은 이런 것이다. 사람에 집착하든지 물욕에 집착하든지 집착 때문에 지혜를 놓치기도 하고 발목이 잡히기도 한다. 집착이 번뇌의 출발이라는 것을 알고는 있었지만 아는 것하고 행하는 것은 이렇게 다르다. 아직 체體와 용用이 따로따로 놀고 있다. 본질을 보지 못하고 눈에 보이는 현상에만 집착하고 있다. 그놈의 따끈따끈한 커피 하나 때문에 내가 오랫동안 찾아 갈망하던 보물을 찾고도 잊어버렸다. 눈 속에 구르던 커피가 허상이라는 것을 바로 알아차리고 따라가지 않았으면 얼마나 좋았을까.

나는 선언했다. 내가 갖고 싶어 했던 모든 것을 이제 절대로 욕심내지 않겠다고 결연하게 말했다. 그 욕심 때문에 저승 갈 때도 내 것 내놔라, 내 커피 내놓으라 하며 발버둥을 칠 것 같다. 애착, 집착 때문에 앞으로도 꿈속에서처럼 손에 쥐었다가 놓치는 일을 반복하거나 아니면 아예 두 번 다시 기회가 없을지도 모를 일이다. 생각나라고 자신에게 주문을 건 것도 집착이라는 것을 안다. 그러나 나는 내가 나를 위해 꿈꾸는 것이 있고 이것이 생각나야 다음으로 도약할 수 있으므로 아쉽다.

장자의 「소요유逍遙遊」 편에 나오는 붕鵬은 원래 물고기였다. 초목이 나지 않는 북쪽 바다에 사는 곤鯤이라는 커다란 물고기였다. 물속에서 구만리나 되는 물고기로 있던 곤이 새가 되어 남쪽 바다, 하늘의 호수天池로 간다. 북쪽 바다에 사는 곤은 육체이고 남쪽의 대붕은 마음이라고 말하기도 한다. 물속에서 구만리나 되는 물고기였으니 바다의 물이 비좁았을 테고 붕새가 되었어도 하늘이 좁지 않았을까. 붕이 원했던 것은 어떤 세상이었을까.

붕새의 마음을 모르는 매미와 참새는 붕새를 비웃는다. 매미와 참새는 힘껏 날아올라도 느릅나무나 참빗살나무 가지를 향해 뛰어오르지만, 어느 때에는 그것도 힘에 부쳐 땅에 떨어지면 그만이다. 붕새가 용을 쓰면서 구만리 창공으로 솟구쳐 남쪽으로 비행할 게 뭐가 있느냐는 것이다.

하루 동안만이라도 붕새가 되는 꿈을 꾸지 못하는 매미와 참새는 어쩌면 붕새가 날아오른 하늘이 있는 줄도 모를 수 있다. 쉼 없이 날아오르는 연습을 하다가 스스로 힘이 빠져 날아오르지 못한다 해도 처음부터 포기하기는 싫다.

자랑은 못 했지만 잠시 꿈속에서나마 자유롭게 노닐었던

것에 대해 그윽하고 은밀한 그것이 그립다. 이제는 나를 유혹하는 무엇이 나를 불러낸다 해도 따라가지 않을 때까지 다시 화두와 사랑에 빠진다. 몹쓸 그놈의 커피.

말하면 될 걸

　　　　살방살방 다가오는 겨울을 품에 안은 듯 온몸을 땅에 누인 향나무 앞에 차를 세웠다. 어설픈 잔쐬도 심을 내려시 묶게 될 요사채까지 걸음을 아껴 볼 요량이었다. 이를 어쩐다지, 차를 세우고 앞을 보니 나무 옆에 수북이 쌓인 김장용 배추를 주지 스님과 공양주 보살이 다듬고 있었다. 동지冬至로 바짝 다가서는 햇살이라 5시가 되어 가는 산속은 어둑어둑해져 가고 있었다. 어둠 사이로 차갑지만 살가운 한기가 느껴졌다. 모처럼 공주

학림사 오등선원 동안거冬安居에 참여해서 주말에만 오는데 서너 걸음 아껴 보겠다고 한 것이 하필 김장배추 다듬는 울력을 하는 바로 코앞에 차를 들이댄 격이다.

 차 안에서 몸을 주춤주춤 머뭇거리다 살짝 내려 못 본 척 정해진 방으로 들어갔다. 스님과 보살은 배추 다듬는 일 외에는 관심이 없어 보였다. 방에 들어가 방바닥에 앉으니 따뜻하기 그지없다. 먼저 따끈따끈한 방바닥에 둥지를 틀었던 사람들도 나와 같은 처지였다. 밖으로 나오자니 문밖 추운 곳에서 울력하기는 싫고 따뜻한 방에서 쉬고 있자니 몸은 편할지 몰라도 마음이 불편하다. 이건 쉬고 있어도 쉬는 게 아니다. 방 안의 대부분 사람은 배추를 다듬어 소금에 절이는 일을 온종일 했는데 배추가 어디서 또 나왔는지 모르겠다며 한숨을 쉬는 이들도 있다.

 울력의 고단함을 이야기하는 동안 저녁 공양을 알리는 목탁 소리가 났다. 하나둘 일어나 방에서 나가야 하는데 머뭇거리다 누군가가 문을 열었다. 밖은 어둑해져 있었고 다행히 다듬지 않은 배추는 두서너 포기밖에 남지 않았다. 두 사람은 여전히 아무 일도 없다는 듯이 배추를 다듬고 있었다.

 저녁 공양을 마치고 8시부터 밤을 꼬박 지새우는 참선이 시작되었다. 매주 토요일은 대원 큰스님의 『조주록趙州錄』 강의가 있다. 『조주록』 강의를 듣기 위해 전국에서 사부대중이 모인다. 나도 그중에 하나다. 산중에 겨울은 깊어 가고 봄에 피어날 새싹들을 위해 맨살로 겨울밤의 냉기를 받는 나무들과 그를 따듯하게 비추는 별님들과 하나인 듯 아닌 듯 각자의 호흡을 쉬고 있는 사람들이다. 겨울밤에 나오는 별님은 아궁이의 불씨처럼 따듯하다.

아름다운 그림이다. 호흡을 깊이 들이마시고 단전에서 잠시 멈춘 뒤 내쉬는 숨에 이무엇고是甚麻를 한다. 내가 태어났으니 지구별에 왔다. 어떻게 오게 되었는지는 모르지만, 지금의 나를 알고 싶고 내가 가야 할 별을 모르니 모두 깨어 있으려 노력한다.

그러나 깨어 있기가 쉽지 않다. 잠시 망상을 피우면 번뇌가 생긴다. 해거름에 오등선원에 도착했을 때가 그러하다. 지나간 장거리 운전에 대한 입력된 기억의 피곤함과 아직 오지도 않은 밤을 새워서 해야 할 참선에 대한 염려증만 없었다면 내 앞에 있는 닥친 현실 평상사平常事, 배추 다듬는 울력에 동참했어야 했다. 훗날 어느 도인이 내게 묻기를 "무엇 하다 왔는고?"라고 물어오면 "배추 다듬는 일 하다 왔습니다."라고 이렇게 깨어 있었다고 답하면 될 것을.

환幻

산속을 헤맸다. 길은 좁기도 했지만 경사가 심한 오르막이 계속 이어졌다. 길을 내어 주는 산은 연둣빛이다. 천천히 다가오는가 싶어도 턱에 찬 숨을 내뱉고 나서 보면 조금 더 진한 연두로 자라 있었다. 눈은 행복하지만 다리는 힘들고 숨이 가쁜 험한 산길이었다. 마치 심우도에서 소를 찾아 산속을 헤매는 목동 같았다. 소가 어떻게 생겼는지, 어디에 있는지 모르는 심우 尋牛.

더는 숨을 고르기 어려울 때쯤 조그마한 암자가 눈에 들어왔다. 커다란 바위에 제비집처럼 옹색하게 붙어 있다. 대웅전 바로 아래에는 이끼 옷을 입은 수각이 있었다. 허리를 반으로 꺾고 헥! 헤! … 도반과 나는 같은 자세로 날숨을 쉬었다. 꿀 같은 물을 바가지로 퍼서 입에서 목, 가슴, 단전까지 들이켜니 몸이 한결 가벼워졌다.

대웅전을 가야 하는데 수각 바로 옆 돌계단에 승복 두루마기가 있었다. 먹물이 단아하고 풀을 잘 먹인 두루마기는 구김살 하나 없이 계단 위에 놓여 있었다. 이리저리 살펴보아도 옷을 넘어야 대웅전을 갈 수 있었다. 그렇다고 승복을 넘어갈 수도 없는 노릇이다. 두 손으로 얌전하게 접어 발에 밟히지 않도록 계단 가장자리 돌 위에 옮겨 놓았다.

그때 법당문이 열렸다. 열린 문 사이로 스님들이 나오기 시작하는데 족히 사오십 명은 되어 보였다. 꿈에서도 조그마한 법당에서 스님들이 어떻게 저리 많이 있었지 싶을 만큼 줄줄이 나왔다. 합장을 한 채로 서서 스님들이 지나갈 수 있게 길을 비켰다. 맨 마지막에 눈빛은 형형하고 꼬장꼬장하게 생긴 노스님이 나왔다. 노장은 이리저리 살피더니 잔뜩 화난 얼굴로 조금 전에 치워 놓은 두루마기를 찾았다. 집어서 건넸다. 쌩하고 찬바람을 일으키며 받더니 휙 지나갔다. 모든 것이 순간에 일어난 일이라 무슨 이유에서인지 난 다급해졌다. 노스님한테 불교를 물어보지 않으면 안 될 것 같아 따라가며 물었다.

"스님, 불교가 무엇입니까?"

스님은 뒤도 돌아보지 않고 감정이 없는 냉혈 인간처럼 법당 옆 숲속으로 사라질 판이었다. 난 더 절실하고 다급해져서 쫓아갔다. 두루마기 한 자락을 꼭 잡았다. 그러고는 다시 "스님! 불교가 무엇입니까?"라고 다시 물었다. 그런데 조금 전까지 잡풀이 무성하고 거친 돌들이 소란스러웠던 곳이 밭으로 바뀌었다. 곱고 부드러운 황토 흙이 이랑 져 있는 밭이었다.

스님과 나는 밭고랑에 마주 섰다. 나를 귀찮다는 듯이 흘깃 한 번 보더니 양 손바닥을 맞대고 피리를 불었다. 어떻게 된 일인지 손 피리 소리는 많이 들어 본 듯한 노랫가락 같았다. 나는 스님의 피리 소리에 덩실덩실 어깨춤을 추고 있었다. 양팔을 길게 벌려 덩실덩실 춤을 추는 나를 꿈속에서 보았다.

지금도 눈에 생생하다. 팔과 어깨가 수양버들 가지처럼 가볍고 부드럽게 흔들거렸다고 할까. 두 팔을 넓고 길게 펼쳐 흔들고 있었다.

그리고 꿈에서 깼다. 꿈속에서의 모든 것을 다 말로 표현하기는 어렵다. 그렇지만 지금도 꿈속에서 동행했던 도반, 그 산길, 수각, 물맛, 승복, 그 많던 스님들, 찬바람이 일도록 쌩하고 지나가던 노장, 흙이 너무나 고왔던 밭, 그 밭이랑에 서서 손바닥 피리를 불던 노스님, 덩실덩실 춤을 추던 나. 모든 기억이 조금 전 일어난 일들처럼 온몸에 기운이 감지된다.

꿈을 꾸었던 나는 누구이고 손 피리를 불던 노스님은 누구이고, 환희심으로 춤을 추었던 나는 누구이며, 꿈에서 깬 나는 누구일까. 나를 바라보는 나는 누구일까.

얼마 후에 알았다. 환幻이다.

인간적인, 너무나 인간적인

꽃샘추위

꽃샘추위의 인심이 야박하다. 여며 입은 옷에 숭숭 구멍이라도 난 것인지 살갗을 파고드는 바람이 마음마지 옹송그리게 한다. 추위를 많이 타는 지인한테 문자를 보냈다.

"꽃샘추위가 심란해요. 다치지 않게 조심하세요."

답장이 왔다.

"봄은 꽃샘추위가 있어서 아름다운 거랍니다. 꽃들도 견디니 저도 견딜 수 있을 거예요."

답장을 보는 순간 평소 남의 탓 하는 것을 좋아하던 나에게 꽃이 만개하는 그 정점처럼 화사한 봄바람이 나를 간질였고 차가운 바람은 그 문자의 답장 속에 줄행랑을 쳤다.

이럴 때면 나는 말의 마력, 생각 뒤집기의 마술에 빠진다. 네 탓이 아닌 내 탓을 할 수 있는 사람만이 꽃샘추위의 아름다움을 볼 수 있다. 그리고 자신과도 만날 수 있다. 꽃샘추위가 지나고 피는 꽃만이 시들어 떨어질 때 꽃잎으로 지는 호사를 누릴 수 있다. 꽃샘추위를 견디려면 비와 바람 속에서 춤을 추어야 하고, 짧은 햇살 속에서 노닐 줄 알다가 저녁이 되면 미지의 세계로 숨어 버려야 한다. 그래서 사람들은 꽃의 야단법석을 좋아한다.

요즘 생화와 꼭 같은 조화들이 우리를 눈속임한다. 하지만, 조화는 생기가 없어서 우리의 에너지를 빼앗아 가고 소멸의 미가 없어서 금세 싫증이 난다. 아쉬움이 없다. 살면서 아쉬움이 없다면 기다림의 아름다움은 나의 편이 아니다.

나의 삶도 꽃샘추위를 견디는 꽃과 같다. 알 수 없는 곳에서 태어나 알 수 없는 곳으로 돌아가는 것. 다음 해 봄이 되면 올해 우리를 아쉽게 했던 꽃은 다시 필 것이다. 그 봄을 위해 겨울을 잘 견디도록 나무에 옷을 입히고 추위에 약한 뿌리들은 캐서

집 안으로 들이기도 한다. 이렇게 꽃이 피듯이 우리도 미지로 갔다가 다시 올 것이다. 그 미지라는 화두에 있을 때 어떤 모습으로 있는지 모르지만, 본질은 멸하지 않기 때문이다.

  네 탓에서 내 탓으로 생각 뒤집기를 할 수가 있는 것이나 미지를 가는 것은 자신을 발견해 가는 과정이다. 석가모니는 말했다. 길을 가는데 나뭇가지가 부러져 석가의 머리를 다치게 했다면 그 나뭇가지는 석가를 다치게 할 생각이 없었다. 그건 자연스러운 사고일 뿐이다. 만약 누군가가 나에게 화를 낸다면 그건 나뭇가지 같은 경우이다. 내가 거기에 있지 않았다면 그는 다른 사람에게 화를 냈을 것이다. 그는 단지 그의 본성에 충실했을 뿐이다. 안타깝긴 하지만 나무의 잔가지처럼 흔들리다가 스스로 부러지고 마는 것이 그의 본성이다. 꽃샘추위가 있어서 봄이 아름답다는 지인의 말처럼, 내가 흔들리지 않는 본성을 가졌다면 그가 화를 낼 때 나는 내 탓으로 돌릴 수 있을 것이고 나를 방해할 수 있는 것은 아무것도 없다. 꽃샘추위마저도.

산사에 아기 부처님

한 해가 마무리되는 12월이면 절을 찾는다. 가족이 동행하여 이삼 일간 머무는 산사의 하루하루는 극락세계 그 자체이다. 해마다 같은 절을 찾는 것은 아니다. '올해는 어느 절로 갈까'를 생각하는 것도 즐거움이다. 산과 절을 정한 후 전화를 걸어 스님께 양해를 구한다. 핑계는 새해를 맞이하는 기도라고 하지만 그것보다는 산사에 울려 퍼지는 목탁 소리, 새벽의 종소리, 절에서만 맛볼 수 있는 정갈한 공양을 먹으면서 몸과 마음을 쉬는 것에 더 관심이 있다.

스님과 전화 통화를 할 때 빼놓지 않는 것이 있다. 개구쟁이 어린아이가 있어서 시끄러우니 스님들이 거처하는 요사체와 멀리 떨어진 구석진 방을 부탁한다. 그러면 스님들은 "아기 부처님이 뛰어다니겠군요."라고 기분 좋아지는 답을 준다.

아이가 돌을 막 넘긴 그해 오대산 월정사로 갔었다. 산중에서의 눈은 백색의 꽃밭이었다. 색이 있는 것이라고는 스님들이 입고 다니는 승복이 눈부실 정도로 화려한 색이었다. 하얀 눈 위에 흰 고무신으로 걷는 스님의 걸음걸이마저 눈으로 덧칠한다.

절에서 머무는 며칠만이라도 자연의 호흡과 스님들의 시간에 나를 맞추기 위해서 노력한다. 겨울의 중심인 절기에 새벽 3시면 어김없이 도량석을 하는 스님의 목탁 소리가 들린다. 처음에는 꿈결처럼 작게 이어지다가 점점 커지는 목탁 소리에 나도 산속에 더불어 사는 우주 만물의 하나가 되어 잠을 깬다.

내가 새벽 예불에 참석하기 위해 방을 나서면 남편은 잠자는 아이를 본다. 그날도 그랬다. 도량에 켜놓은 석등이 어슴푸레 밝히는 빛을 따라 대웅전으로 향할 때의 정적에 차가운 공기가 함께 동거하니 너무나 고요해서 상쾌하다. 법당문을 열면 큰스님을 중앙으로 하여 많은 스님이 가사 장삼을 입고 법당의 냉기보다 더 살벌하게 가부좌를 틀고 앉아서 새벽 쇳송 소리를 듣는다. 쇳송 소리가 얼마나 맑고 청량한지 소리에 빠져 아무런 상념도 일어나지 않는다.

쇳송이 끝나고 예불이 시작될 때쯤 남편이 법당 문을 빼꼼히 열고 빨리 나오라고 급한 눈짓을 했다. 아이가 잠을 깼구나 싶어 조심스레 법당을 나왔다. 남편은 아기가 잠에서 깨어 엄마를 찾느라 고래고래 악을 쓰며 울어서 달랠 재간이 없다고 한다. 우는 아이를 방에 혼자 두고 나를 찾아온 남편에게 억지 화를 내며 황급히 방으로 뛰었다.

우리는 황급히 문을 잡아당기고 방에서 벌어지는 상황에 얼굴을 마주 보고 나오는 웃음을 꾹꾹 눌러 참았다.

행자님 두 분이 아기를 가운데 놓고 온갖 재롱잔치를 하고 있었다. 행자님 한 분은 목탁을 치며 "산골짝의 다람쥐, 아기다람쥐…" 동요를 부르고 또 다른 행자님은 요령을 신나게 흔들며 아이를 달래는 모습이란. 우리 아기도 머리숱이 많이 나게 한다고 머리를 박박 밀어 놓았었다. 우리를 본 행자님은 얼굴이 빨갛게 달아올라 목탁과 요령을 챙겨 들고 잽싸게 방을 빠져나갔다.

아기는 울음을 그치고 방긋방긋 웃고 있었다. 우리도 아이처럼 참았던 웃음을 터트렸다. 웃자, 하하하….

아침 공양 시간에 주지 스님은 "내일 새벽기도 시간에는 보살님은 아기 보고 처사님이 법당 가세요." 새벽 소란 때문에 빚어진 결과였다. 남편은 풀이 죽었다. 법당에서 두 시간 동안 기도할 자신이 없다면서 걱정했다. 차라리 밤사이에 눈이나 많이 내려 눈 쓰는 울력이나 했으면 좋겠다고 한다.

기도는 이루어졌다. 도량석 소리가 나자 주지 스님이 방문 앞에서 "처사님, 오늘 아침기도는 눈 쓰는 울력입니다." 문을 열어 보니 눈이 어찌나 많이 내렸는지 마루 끝까지 하얗게 쌓였다. 남편은 스님이 건네주는 가래로 신나서 눈을 밀었다. 가래로 밀고 비로 쓸어 놓은 길이 터널 같았다.

아침 공양을 마치고 도량 전체를 쓸었다. 비로 쓰는 깃보다는 눈을 동그랗게 굴려 뭉치는 게 쉽다고 여겼는지 스님들이 눈 뭉치를 굴리기 시작하자 사방에서 신도들의 장난꾸러기들이 몰려나왔다. 아이들은 스님과 함께 어우러져 눈을 굴려 눈사람을 만드느라 추위도 아랑곳하지 않는다. 남편과 아이도 눈사람을 만들었다. 아기 부처님 같은 눈사람을 만들어 도량에 세우는 것만으로도 아이들에게는 신나는 놀이였다. 새벽에 아이에게 동요를 불러 주었던 행자님들도 함께했다.

며칠을 낮에는 장작불 지핀 따끈따끈한 방에서 아이와 뒹굴기도 하고 실컷 눈 구경을 하면서 보냈다. 눈 때문에 길이 막혀 산문 밖을 나갈 수 없는 것도 즐거움이다.

우리는 이렇게 맑고 따뜻한 추억을 만들어 절을 내려온다. 산사에서 며칠의 생활은 일 년을 보내는 데 많은 힘이 된다. 하루하루를 생활하다 마음이 고요하지 못하고 산란할 때면 절에서의 상쾌한 기억으로 나를 다스린다.

인간적인, 너무나 인간적인

　　　　　부석사에는 특별한 사랑 이야기가 있다. 봄, 여름, 가을, 겨울. 사계가 산자락을 타고 마을로 흘러 내 마음을 사로잡는 것은 창건주 의상義湘(625~702) 스님을 사모한 당나라 여인 선묘 낭자의 이야기다. 누군들 한 번쯤 사랑을 가슴에 묻어 보지 않았을까. 스쳐 간 인연 속에 나름 애타게 기다렸거나 망부석이 되고픈 열병을 앓아 본 이라면 선묘 낭자의 사무치는 그리움을 짐작할 수 있기에 또 부석사를 향하여 길을 떠난다.

통일 신라 초, 의상과 원효元曉(617~686)는 의기투합하여 구법을 위해 당나라로 떠났다. 가던 중에 원효는 해골바가지의 물을 마시고 깨달은 바 있어 돌아오지만 의상은 당으로 떠난다.

당주唐州(지금 남양 아산)에서 배를 타고 바다 건너 등주登州의 신도 집에 머물게 되었다. 그 집에 선묘라는 딸이 의상을 보고 사랑에 빠지게 된다. 하룻밤 머문 의상은 여인의 마음을 짐작하지도 못하고 떠난다.

여인은 마음속에 품은 님의 승복을 만들며 다시 만나기를 애타게 기다린다. 이 마음을 알 리 없는 의상은 돌아오는 길에 그 마을에 들르게 되지만 여인을 만나지 못한 채 배를 타고 만다. 소식을 전해 들은 선묘 낭자는 승복을 바다에 던지고 바다의 용이 되어 의상이 무사히 신라로 귀국하기를 염원한다.

이루지 못한 사랑을 맺어 주기 위함일까? 100여 년 전에 누군가에 의해 세워져서, 무량수전 옆에 남루하지만 조화를 이루는 선묘 각이 그 구도자적인 사랑 이야기를 대신하고 있다. 의상이 당나라에서 지엄에게 화엄華嚴을 공부하고 돌아와 신라에 화엄종이 뿌리를 내리게 되었다지만, 지고지순한 사랑은 한 구도자의 수행에 몸을 던져 논리에 갇혀 버린 후세의 연인들에게 또 다른 생명성을 준다.

  그렇게 불쑥불쑥 솟아나는 존재도 알 수 없는 사무치는 그리움과 '부석사는 공양이 정말 맛있다.'라는 화두로 찾아간 여름이었다. 한쪽 벽면에 널빤지를 길게 붙여서 식탁 대신으로 사용하고, 또 다른 벽에는 조왕전이 있다. 식탁 맞은편 길게 놓인 수각에서 물이 쫄쫄 흘러넘치는 풍경은 조선 시대 어디쯤 와 있나 하는 착각을 할 정도로 색다른 풍경이었다.

  보통의 수각은 둥글고 깊은데 이것은 길고 얕게 홈이 파여 물이 흘러넘치는 소리를 들으며 밥을 먹을 수 있었다. 이 기억은 과거 전생을 더듬게 한다. 거기다가 한쪽에 자리한 가마솥에 지은 밥에는 밤, 대추, 은행, 잣, 호두, 팥, 찹쌀 등이 들어가 있었는데 어찌나 맛있게 먹었던지 반찬은 김밖에 생각나지 않는다. 그리고 마지막으로 먹은 누룽지. 놋숟가락으로 긁어모은 노릇노릇하고 쫀득쫀득한 누룽지를 염치 불고하고 두 손 가득 얻어 간식으로 먹었던 기억을 떠올리면 지금도 입에 침이 고인다.

  그 식탐의 화두에 얼마나 몰입해 있었던지 여장을 풀기가 무섭게 공양간으로 갔다. 문지방 아래 깊게 들어간 흙바닥에 발을 내딛으려는데 두 손을 단전에 모으고 정숙하게 서 있던 행자님이 자비로운 미소로 나를 불러 세웠다.

"보살님, 바지가 너무 짧아서…."

저녁 한 끼를 놓칠세라 옷 갈아입는 것도 잊고 급히 갔던 것이다. 사실 절에서 짧은 반바지 차림으로 다니지 말아야 한다는 것이 기본 예의라는 것쯤을 몰랐던 것도 아닌데 '맛있는 밥' 화두에 빠져서 그만 실수하고 말았다. 부석사는 공양간도 운치 있고 밥이 맛있어서 짧은 바지 차림인 것도 잊고 있었던 것이다. 공양하던 스님들 웃음소리를 뒤로하고 나는 뒷걸음질 쳐 도망 나왔다.

태종 무열왕이라 불리는 김춘추金春秋(602~661)의 장남인 문무왕文武王(재위 661~681)은 삼국을 통일하고 신라, 고구려, 백제를 화합시키기 위해 화엄종의 대가인 의상으로 하여금 사찰을 창건하도록 했다. 의상이 찾아낸 이곳은 북쪽으로는 옛 고구려와 맞닿아 있고 서남쪽으로는 옛 백제 땅과 가까우니 바로 그가 찾던 곳이었다. 조선 시대에 쓰인『정감록鄭鑑錄』에서도 양백兩百이라 하여 난세의 피난처라 했다. 그래서일까, 수많은 외세의 침략을 받으면서도 한없는 지혜와 무한한 생명력을 지녀 무량수불無量壽佛이라고도 불리는 아미타부처님을 모시고 배흘림기둥으로 묵묵히 서 있을 수 있었던 것이. 혹여 선묘 낭자의 이루지 못한 사랑이 남아 미래 어느 생에 만나 자유자재로 융화하기 위한 염원이 메아리로 들려 많은 이들이 유한한 사무치는 그리움으로 찾고 또 찾는지도 모르겠다.

  같은 시대 같은 구도자인 원효는 무열왕의 둘째 딸 요석공주와 사랑에 빠지게 된다.

  통일이라는 명분으로 백제와의 전투에서 딸의 남편을 잃어버린 아버지. 사위를 전쟁으로 내몬 것은 누구였을까. 저 먼 곳에서는 수隋, 당唐이 교체되는 혼란기였고 가까이에서는 신라와 백제가 협공할 때 친당정책으로 통일의 원대한 꿈을 실현하려 하는 외교의 천재인 자신, 죽은 사위의 충성심, 역사라 불리는 것, 어느 것인지 모르지만, 김춘추는 원효의 노래를 듣고 그를 궁으로 불러들였다.

  과부가 된 그녀는 요석궁에서 원효와 열나흘 동안 사랑을 나누고, 원효는 다시 구도의 행각을 하며 전국을 떠돈다. 자신을 스스로 낮춰 소성거사小性居士라 부르며 민초들과 어울리는 데 거침이 없었다. 원효가 파계를 원한 것은 진정으로 가슴 아프게 교화하고 싶었던, 귀족이나 왕족이 아닌 전쟁에 지친 삼국의 고달픈 백성과 하나 되기 위함이 아니었을까. 민초들이야 백제의 백성으로 살든 고구려의 백성으로 살든 고달프기는 매한가지였을 테니 그들에게 삼국통일이 무슨 의미가 있었을까. 신라의 최고 승인 원효의 가무와 걸쭉한 입담으로 뱉어 내는 이야기들이 배고프고 서러운 삶에 무엇보다도 더 위안이 되었을 것이다.

요석공주도 원효가 중생의 아버지가 될 수밖에 없는 큰 기둥이라는 것 때문에 그를 사랑한 것은 아닐는지. 설총을 낳은 그녀는 원효를 위해 그가 머무르는 자재암 근처에 초막을 짓고 원효의 구법을 위해 기도했다고 한다. 원효가 혈사穴寺에서 죽은 뒤 설총도 원효의 유해로 소상塑像을 만들어 분황사에 모셔 두고 죽을 때까지 공경하였다. 일연이 『삼국유사』를 저술할 때까지는 원효의 소상이 있었다고 한다. 아버지한테 아들이 할 수 있는 공경의 극치다.

요석공주의 오빠, 김춘추의 아들이기도 한 문무왕은 죽어서도 바다의 용이 되고자 했다. 지의법사智義法師는 죽어서 용이 되는 것은 현생보다 못한 일이니 아니 된다고 했지만, 바다 건너 왜구로부터 나라를 지키는 것이 더 중요하다고 했던 그다. 그도 김춘추,

원효와 의상처럼 인연의 의미를 깨달은 것일지도 모르겠다. 그런 아버지를 못 잊어 감은사를 지어 바친 신문왕. 당나라 여인 선묘가 신라의 승려 의상을 위해서 몸을 바다에 던진 것이나 공주가 떠돌이 승려 원효를 위해 염원했을 피나는 기도. 인간적인, 너무나 인간적인 사랑 이야기라 내 가슴도 동백처럼 붉어진다.

백성이 어우러져 살기를 바라고 지배자와 구도자들 모두 하나 되기를 원했던 땅 신라. 세상 아름다움 중에 자신을 버리는 사랑보다 더 큰 아름다움은 없다. 헤아리지 마라. 원효는 돈頓 점漸 같은 쟁론諍論들도 화회和會시킨다고 하였으니 불교의 땅 신라의 역사다.

의상대사가 「법성게法性偈」에서 "모든 것이 원만하게 조화로워 두 모습으로 나뉨이 없고 하나가 곧 모두요, 모두가 곧 하나다." 라고 설한 것이나 원효의 무애행無碍行, 곧 자유자재, 걸림이 없고 진리로부터 자유로웠던 그들을 생각하면 사랑, 뭐 그게 큰일이랴.

불에 달구어진 가마솥처럼 화끈거리는 얼굴로 공양간을 빠져나와 해가 지기 시작하는 도량에서 만나는 현상 현상들. 저녁 예불이 시작되기 전 깊은 산속의 풍경. 해거름에 더위도 사위어지고 인기척마저 자연의 장엄함에 묻힌 안양루安養樓에서 저 멀리 보이는 태백산 봉우리들을 감상한다. 아미타부처님을 모신 법당이 극락전極樂殿, 미타전彌陀殿, 무량수전無量壽殿, 수광전壽光殿이고 그곳에 이르게 하는 산문이 안양문安養門, 안양루安養樓라 한다는데….

아미타부처님이 계신다는 극락세계, 무량수전을 오르기 전 마지막 상품중생이 되기 위한 계단 밑 안양루에서 민족의 줄기 태백이 주는 장엄과 당나라 여인 선묘가 이국땅 깊은 곳에서 파도가 밀려오듯 어둠이 내려오는 도량 한쪽에 잠드는 모습이 아련하여 지척에 있는 무량수전을 오르지 못하고 있다.

오르지 못하면 어떠리. 사랑에 빠진 여인의 마음이나 위로하며 그냥 그곳에 머물러도 좋은 날이다. 그러다가 밤이 깊어지면 산속 외로운 어둠과 두런두런 이야기하고, 그러다가 또 잠이 몰려오면 당나라 여인 선묘 낭자와 요석공주를 불러 두 성인 의상과 원효의 스승은 그녀들이었다고 속삭이고 싶다. 의상은 화엄학으로, 원효는 무애행으로 다른 구도 행각을 했지만 두 여인 선묘와 요석공주의 사랑은 어찌 보면 진여眞如를 품은 중생을 위해서 또 다른 구도를 한 것은 아니었는지.

　인연이 인연법으로 맺어지기도 하지만, 대자유를 위해 인연이 되어 주기도 하는 현세 참여적 극락세계가 부석사에는 있다. 그래서 잠꼬대 같은 고요가 또 그립다.

다리

　　극락교極樂橋를 건넌다. 마곡사 입구의 태화산 계곡을 가로질러 누워 있는 극락교를 밟았다. 다리라는 것은 가고 오는 것, 오고 가는 것들의 연결고리이다. 살면서 몇 번의 다리를 건너면 아이들은 자라고, 어른들은 훌훌 쉴 자리를 찾아야 한다.

　마곡사 극락교라고 해서 특별히 다를 것이 없는데 다리 안쪽으로 보이는 도량이 극락처럼 모든 푸념을 잠시 멎게 했다.

　지눌 스님이 마곡사 터를 발견하고 기뻐서 다리 위에서 춤을 추었다는 넉넉하게 누워 있는 다리. 그곳에서 덩그러니 홀로 한 도량을 보자 또 하나의 내가 그림자처럼 반추된다. 혼자라는 것이 고독이고, 비었다는 것은 아련한 슬픔이지만 그것은 희망을 준다. 새로운 것이 채워질 것 같은 소망이 있다. 아름다움에 대한 희망, 미래에 대한 희망. 불교에서 말하는 극락세계. 극락세계도 서른 세 개의 하늘 중에 부처님이 계신다는 도솔천道率天 내원궁內院宮에 비하면 하늘 세계의 초입이다. 도솔천 내원궁이 이상향이라 해도 선과 악이 분리되지 않는 극락과 지옥이 따로 없는 중생이 꿈꾸는 피안의 세계이다. 영원이라는 것은 없다. 윤회의 세계에서는 인연이 다하면 다시 윤회에 얽매여야 한다. 때로는 종교의 명분이 중생들을 얽매이게도 하지만 그것도 중생이 만든 것이다.

이러한 극락세계의 안락함을 거부한 보살이 있으니 그가 지장보살이다.

지옥의 세계도 인과因果에 따라 여러 지옥으로 나뉜다. 그 많은 지옥의 중생들을 건져 내기 위해 그는 스스로 지옥세계를 택했다.

"지옥 중생이 모두 구제될 때까지 나는 성불成佛을 하지 않으리라."

지장보살의 지옥 중생에 대한 자비심을 볼 수 있다. 나와 중생을 둘로 보지 않은 일체심이다.

나도 지옥을 좋아하지 않는다. 그래도 항상 몇 개의 지옥은 따라다닌다. 집착이 그것이다.

법정 스님 『무소유』가 세인의 입에 오르내리고 그를 부러워하는 것도 소유가 우리를 괴롭게 하는 것을 알기 때문이다. 마곡사가 무소유로 보이는 것도 티가 묻지 않은 깨끗함이 있어서다.

도량을 한가롭게 노니는데 김구 선생이 명상하던 곳이라는 안내판이 보였다. 발걸음을 그리로 옮겼다. 오래된 측백나무 밑에 반듯한 돌이 놓여 있었다. 백범 김구는 그 돌에 앉아서 민족에 대해 큰 고뇌를 했을 것이다. 우리 일행이 돌로 된 의자 위에 둘러서서 안내판을 읽을 즈음 또 다른 일행이 주위에 모여들었다. 아버님은 그중에 일본인이 있는 것을 알고는 안내문을 일본말로 친절하게 설명했다.

일본인을 안내하여 온 지긋한 중년 남자는 아버님의 일어 솜씨에 감탄하여 자신의 이야기를 쏟아 놓았다. 그는 공주가 집인데 아버님과 형제들이 일제 강점기에 징용으로 끌려가 일본에서 모두 돌아가셨다. 유복자로 태어났고 아버지 제삿날도 몰라 징용으로 끌려간 날을 기일忌日로 정해 제사를 지냈단다. 곁에 있는 사람은 일본의 스님인데 징용으로 끌려가 돌아가신 분들의 시신을 수습하여 스님의 절에서 제사를 지내면서 고인의 가족을 찾아 주려고 애쓰는 고마운 분이란다. 스님이 아버지가 징집되었을 당시를 추적하여 자신과 어렵게 연락이 닿았단다.

비록 아버지의 유골함이었지만 살아 있는 아버지를 만난 듯 반가워 가끔 한 번씩 고향으로 초청하여 감사함을 표한단다. 일본 말을 몰라 의사소통이 어렵다는 말에 아버님이 대신 남자의 마음을 전하자 스님은 소년처럼 쑥스러워했다.

아버님이 1945년에 몇 살이었느냐고 묻자 그는 그 시대의 아픔을, 무릎을 구부려 손으로 바닥을 가리키고 땅꼬마였다며 부끄러운 표정으로 대신한다. 징용으로 생사를 넘나들었던 만주 이야기를 하시던 아버님은 기억을 잊으신 건지 일본 스님을 보는 모습이 편안해 보였다. 머리가 호호백발인 할아버지 스님은 참회하고 있었다. 하얀 머리와 가죽이 닳아서 희끗희끗해진 가방과 구두, 나이에 어울리지 않는 순수한 눈빛은 역사의 참회자로 보였다. 우리의 불교가 선불교禪佛敎라면 일본은 조동종曹洞宗 계통으로 지장 기도를 많이 한다. 침략의 역사를 가진 그들만의 기도법이 아닐까.

공업共業이다. 개인의 의지와 관계없이 시대와 공간의 무리가 되어 어쩔 수 없이 짓게 되는 죄업罪業, 어린아이처럼 순진무구해 보이는 노인을 어떻게 미워할 수 있을까. 그 노인으로 인해 나는 마곡사에 지옥을 서너 개쯤을 떨어뜨리고 나왔다. 부처님이 아닌 참회懺悔 기도를 하는 노인으로 인해서도 극락으로 가는 희망을 보았다.

침묵의 집

텅 빈 도시 공간에 홀로 남겨진 존재가 아니라 공간의 주인으로 머무르고 싶을 때가 있다. 덩그러니 혼자 있어도 행복을 만끽할 수 있는 자유. 비어 있다는 것은 진정으로 고독을 아는 이를 위해 준비된 아름다운 쉼터이다. 도시인으로 살고 있으면서 도시인이 되지 못해 조용히 있고 싶을 때 찾아가는 곳이 있다.

길상사가 그곳이다. 대웅전을 돌아 왼쪽으로 조금 올라가면 '침묵의 집'이 있다.

아주 작은 집이다. 허리를 구부리고 들어가야 할 정도로 작은 곳이기에 그냥 지나치기 쉽다. 방문 앞에 시골 아낙네를 닮은 꽃밭이 있다.

서울에서 보기 힘든 야생화들이 아무렇게나 피어 있다. 보라색 같기도 하고 자주색 같기도 한 꽃이 있는가 하면, 분홍인지 주홍인지 색을 구별하기 어렵다. 꽃 모양새도 작고 색마저 구별하기 힘든 것이 우리의 살아가는 모습과 비슷하다. 절을 찾는 이들을 위해 일부러 심어 놓은 풀들이겠지만 굳이 꽃 이름을 몰라도 좋다. 어려서 소꿉놀이할 때 사금파리 조각 위에 올려져 진수성찬으로 우리를 즐겁게 했던 풀들이기에 더욱 정겹다.

작은 꽃들의 소탈하고 순수한 아름다움에 무릎을 구부리고 고개를 숙여 쪼그려 앉아 들여다보아야 그들의 멋을 알게 된다. 전혀 대수롭지 않은 풀꽃 한 송이를 보기 위해 스스로 몸을 낮추어야 작은 꽃잎을 볼 수 있는 것. 언제 그렇게 몸을 작게 할 일이 있을지. 위로만 솟구치려 하는 나를 잠시나마 멈추게 하는 것이 들꽃의 매력이다.

꽃 한 송이로 행복해진 나는 침묵의 방으로 들어간다.

야생화보다 더 꾸밈없는 방이 그 공간에서 말없이 생각에 잠길 누군가를 기다린다. 가운데 벽 쪽에 탱화가 걸려 있고 그 밑 탁자 위에 놓인 향로가 세간살이 전부이다. 하나 더 있다면 방문객을 위해 가지런히 놓인 좌복이다.

오늘은 조금 특별한 날이었다. 방석을 가져다 벽 쪽을 향해 앉아 본다. 호흡도 흉내 내어 보지만 가지런히 앉아 있기만 해도 좋다. 내가 들어가기 전에 다녀간 사람이 쓰고 갔는지 방명록이 놓여 있었다. 호기심으로 들춰 보았다. 한 줄 한 줄 읽으면서 작은 공간의 위력에 놀랐다. 스스로를 백수라고 밝힌 사람부터 수녀님, 작가, 주부, 회사원, 학생…. 다양한 직업의 사람들이 다녀갔다. 모두가 '침묵의 집'을 만들어 놓은 것에 대한 감사였다. 침묵의 욕구가 그리도 강했던 것일까. 방에서 혼자 조용히 생각한 것은 그들 나름의 삶에 대한 감사와 현재의 삶을 마음으로 받아들여 열심히 살겠다는 다짐이었다. 자신들의 생각을 겸허하게 단 한 줄의 글귀로 남겨 놓은 명언이었다. 침묵의 소중함은 말에 대해 부질없음을 가르친다.

조그마한 공간이 주는 것은 신에게 갈구하는 기도가 아닌 스스로 묻고 대답하는 자기성찰이었다. 그 방은 가장 가난한 방일 것이다.

혼자 있고 싶거나 자신의 삶이 힘들다고 느낀 사람만이 들어가고 싶은 공간에 불과하다. 그 가난하고 작은 방에서 사람들은 가장 큰 행복을 찾았다.

헨리 데이비드 소로의 산문집 『월든』에 혼자 있는 자의 평화로움이 우리 인생의 어느 한쪽에 누워 단꿈을 꾸듯이 묘사되어 있다. 그는 호수에 혼자 살면서 말에 대한 그리움을 전혀 느낄 수 없었다. 말을 하지 않는 대신 자연을 느낄 수 있는 평화를 얻었다. 호숫가의 나무들과 산새들, 들짐승들이 인간의 적이 아닌 친구가 될 수 있다는 것을 경험했다. 손수 통나무집을 지으면서 노동의 순수에 대해서 체험했고 엄청나게 많은 양의 독서를 할 수 있었다.

> 시 한 줄을 장식하기 위하여
> 꿈을 꾼 것이 아니다.
> 내가 월든 호수에 사는 것보다
> 신과 천국에 더 가까이 갈 수는 없다.
> 나는 나의 호수의 돌 깔린 기슭이며
> 그 위를 스쳐 가는 산들바람이다.

내 손바닥에는
호수의 물과 모래가 담겨 있으며
호수의 가장 깊은 곳은
내 생각 드높은 곳에 떠 있다.

평화주의자 소로가 그랬던 것처럼 물질문명과 사람과의 너무 많은 부대낌에 오히려 외로워진 사람들에게 참다운 인간관계, 자유로운 인간의 길은 무엇인가? 끝없이 물으며 그 길을 찾고 싶어 하는 구도자적인 내면이 모든 사람에게 감추어져 있기에 침묵의 집에서 고요한 행복을 느꼈는지 모른다. 21세기의 외로움. 물질과 친구가 넘쳐 나서 자유가 없다. 속박하는 자 없는 구속이 우리를 불행하게 만든다. 소로가 하버드를 졸업했으나 부와 명성을 좇는 화려한 생활을 따르지 않고 자연 속에서 글을 쓰며 인생을 보내고 월든 호숫가에서 통나무집을 짓고 생활한 2년간의 경험을 기록한 책이 『월든』이다. 적어도 이 작은 방에서 행복을 느끼고 간 이들에게는 소로가 19세기 물질문명에 대해서 비판한 순수가 그들의 가슴에 살아 있을 것이다.

나는 나 자신의 본연의 자세에 돌아와서야 마음이 편해지는 사람이다. 나는 남의 눈에 잘 띄는 곳에서 다른 사람들과 함께 화려하게 과시하며 돌아다니기보다는, 그런 일이 가능하다면 우주를 창조한 분과 함께 거닐어 보고 싶다. 그리고 이 들떠 있고 신경질적이며 어수선하고 천박한 19세기에 사는 것보다 이 시대가 지나가는 동안 서 있거나 앉아서 생각에 잠기고 싶다.

이 방을 다녀간 사람들의 외로움이 이럴 것이다. 그들의 내면을 훔쳐본 죄로 그들을 이 시대의 자유인으로 이야기한다면 용서가 될까. 아주 작고 보잘것없는 한 포기의 야생화가 행복을 주고, 너무나 소박한 방이라 오히려 가득 찬 공간이 침묵으로 정지되어 인생의 한 순간 순간을 작은 꽃잎처럼 자유가 날아들게 한다. 자연의 일부가 되어 살아가고 싶은 아름다운 고독이 게으름에 잠자지 않고 단꿈을 꾸듯이 깨어 있고 싶다.

나는 아직도 꿈을 꾼다

진공당 탄성眞空堂 呑星, 수년 전에 열반한 그를 찾으러 가는 길에서 몽유병을 앓고 있는 나를 만났다.

아직도 꿈을 꾼다. 계곡을 휘돌아 깊숙한 산에서 만난 망초의 말이 없는 산 지킴이 모습을 보며 한여름 고단한 햇빛처럼 숨이 막힌다. 농부를 잃은 밭에서 지천으로 피어 바람에 춤을 춘다. 그들은 바람 따라 움직일 뿐인데 춤이 되었다.

그 가녀린 망초를 보는 순간 내 현실의 뜰도 잃어버리고 꿈속으로 잦아든다. 을사년 을사늑약乙巳勒約이 맺어진 해에 많이 피었다 해서 개망초라 부른다고 하니 귀화한 식물도 오래 살다 보면 그 나라 백성으로 잦아드나 보다.

망초꽃을 보는 순간 나는 이미 타오르고 있다.

여름이 지나면 사그라질 그들 속에 있는 내가 아는 나.

그것은 나의 골칫거리로 내 속에서 꾸물대고 있다가 망초가 피는 계절이면 태양 속으로 몰고 간다. 망초꽃 곁에서 꽃을 애달파하는 것은 내가 아직도 꿈을 꾸고 있기 때문이다.

山色人我相
流水是非聲
山色水聲離
聾啞居平生

산빛도 사람의 모습이요
흐르는 물도 시비의 소리로다
산빛도 물소리를 떠난 곳에,
귀머거리도 벙어리도 평생을 살리라

모깃불에 두런두런 둘러앉아 잠깐 졸다가 깨어난 한여름 밤의 꿈같아 보이지만, 그가 본 계곡과 산들이 살아있듯이 경계를 버린 열반송을 남기고 갔다. 스님이 살았던 공림사空林寺에서 그의 행장을 처처에서 만났다. 평생을 소탈하게 살다 간 스님이 남긴 어록, 부도의 만남도 반가웠지만, 스님의 선풍禪風을 이으려는 선승들의 만남이 그중에 제일이었다.

진공당을 닮은 주지 스님과 마주 앉아 사방이 확 트인 방에서 녹차를 마시며 부채를 건네주는데 잠시 망설여진다. 그 커다란 부채로 나를 향해서 바람을 일으켜야 하는지, 스님을 향해서 바람을 일으켜야 하는지 망상을 피우는데 스님은 "뭐 그리 쩨쩨하게 생각하고 있어. 천천히 부쳐. 그러다 보면 바람 맞는 눔이 있겠지."라는 말로 더위를 한 방에 날린다. 그의 발은 겨울 양말을 두툼하게 신고 있었다.

탄성 스님은 결혼도 산중에서 수행하는 것 못지않은 인욕이 필요하다고 했다. 그 말씀을 곱씹을 때가 많아서 꿈을 꾸는 것일까. 대중이 많아서 좋겠다는 나의 말에 스님은 거침이 없다.

스님들 사이에서 내려오는 3, 3, 3 이야기를 한다.

중이라고 다 열심히 도 닦는 것은 아니라며, 자신을 공부시키는 골치 아픈 중들이 있다며, 대중이 모이다 보면 그중에 참인 도인이 세 명, 이것도 저것도 아닌 중이 세 명, 성격 괴팍한 중이 세 명 섞이게 된다는 것이다.

"이! 중들이, 꼭 머리 깎은 지 얼마 안 된 중들이, 살림하는 주지, 공부시키려고 불평을 하는데, 안 들어주기도 어렵고… 들어주자니 절 살림이 뻔하고…."

선방 스님들도 불평한다니, 나는 박장대소하며 재미난 이야기를 떠올렸다.

상원사 선방에서 겨울을 나는 스님들이 고방庫房에서 감자를 훔쳐다 밤마다 뒷방 아궁이에 구워 먹는 재미에 빠졌다. 감자는 날마다 도둑을 맞았고 계량심計量心의 천재인 원주 스님 역시 선방 스님들을 상대로 하지 말라고 하기도 어려워서 커다란 자물통으로 슬며시 잠가 놓았다. 그런데 절간에 문이 채워져 있으면 중생의 업고와 무명을 가둬 두는 것 같아 답답하다는 스님이 있었으니 자물통은 그날로 돌쩌귀에 날아갔다.

선방 스님들은 회심의 미소를 지었지만, 다음이 문제였다.

절 살림 책임자인 원주 스님은 밥에 감자를 섞기 시작했는데 밥은 보이지 않고 감자만 보이자 스님들은 아무 말 못 하고 밤마다 얼굴에 검댕이 칠을 해가며 구워 먹던 재미를 중단할 수밖에 없었다고 한다. 그 원주 스님이 나중에 조계종 총무원장이 되어 종단의 살림을 맡게 되었을 때 모두 고개를 끄덕였다는 이야기가 있다.

녹차 향은 더위를 식히고, 스님의 이야기에 더없이 편안해진 내가 "스님, 저는 절에 오면 커다란 방에서 문 열어 놓고 밖을 보며 이리저리 뒹굴며 쉬고 싶어요." 스님은 절이 마지막 휴식처라고 생각해서 그렇단다.

스님들은 휴식처가 없어져서 산중 생활의 멋이 없단다. 당신이 젊었을 때는 토굴이 2만여 개 정도 있어서 떠나고 싶을 때는 절에서 나가 아무 산이나 가면 있는 토굴에 백 일 정도는 혼자서 충분히 정진할 수 있었다. 떠날 때는 먼저 정진하고 간 스님이 그랬던 것처럼 탁발해서 다음 스님 누군가가 백 일 정도는 머무를 수 있게 해놓고 떠나면 그만인 곳. 1960년대에 무허가 건물이라고 모두 없애서 스님들의 휴식처가 없으니 재미가 없다고 한다.

나도 언젠가 소백산 비로사毘盧寺 골짜기에서 토굴을 본 적이 있다. 나무로 얼기설기 엮어놓은 천장으로 하늘이 다 드러나던 곳, 무소유라고 말하기조차 무색한 곳이었다.

"지금은 무소유를 할 수가 없어. 쪼끄만 것 하나 지으려고 해도 허가를 내야 하니."

스님의 말이 허가를 내서 등기를 내면 그때부터 이상하게 집착이 생기게 된단다.

"산중 토굴에서 한철 공부하다 다음에 올 중을 위해 탁발이나 해다 놓고 떠나면 그만인데…."

망초와 도라지만 보면 타오르는 꿈. 어리석은 꿈을 꾸는 나.

태양에 흩어지는 그 서늘한 빛에서 삶의 여백을 본다. 무더기로 흩어져 있지만 곱게 뭉쳐 있는 꽃망울 망울에서 아직 다 그리지 못한, 아니면 그릴 수 없거나 그려서는 안 될 여백은 달빛이 채워준다. 내가 흠모하는 그것.

스님과 작별 인사를 하고 수백 년 된 느티나무 그늘 밑에 세워 놓았던 그 살가운 차로 돌아왔다. 난, 취했던 행복에서 깼다. 자동차 문이 활짝 열려 있고 커다란 나무 그늘 밑에 널찍한 돌로 된 앉을 만한 곳에 스님 대여섯 명이 자동차 소유주를 기다리고 있는 눈치였다.

"어머! 제가 문을 열어 놓고 다녔나 봐요?"

스님들이 한마디씩 한다.

"문 열어 놓은 거야 뭐! 그렇고…."

"이 나무 몸살 앓는 것 안 보여요?"

내가 어쩔 줄 몰라 하자 "미안하제, 미안하면 막걸리 세 말 사다 놓고 가시게나." 이번엔 내가 '웬 막걸리' 하는 장난스러운 표정이었을 것이다. 또 다른 스님이 나무 밑동을 가리키며 "저 위에 집을 지으면서 그곳에서 나온 흙을 이곳에 옮겼거든. 흙이 무거워서 뿌리가 몸살을 해. 약으로 한 번씩 막걸리를 사다 붓고 있어."라고 한다. 당황함에서 벗어난 내가 "나무가 술에 취하지 않을까요?"라고 호기 어린 변명을 하자 "막걸리에 취해서 비틀거려야 중들이 그늘에서 쉴 것 아닌가." 이 스님은 3, 3, 3 중에 어디에 속할까.

한 스님이 나뭇잎이 바람에 흔들리듯이 고개를 여유롭게 끄덕이며 나지막하게 말한다.

"그래! 뭐… 취해서 비틀거리기도 하더라."

나무는 막걸리에 취하고 나는 그들에게 취한다면 살아 봄 직한 세상 아닌가.

부도 탑을 휘돌고 이끼를 손톱으로 긁어 보지만 몇 겹의 두께가 되어 버려 내 손끝에만 상처가 난다. 그래도 미련을 남겨 두고 꿈을 꾼다. 처음 셋 중에 하나 되기를.

향일암 가는 길

 텔레비전에서 광고가 나온다. 뚱뚱한 여자가 지하철 개찰구에 몸이 걸려 빠져나오려고 낑낑거리는 장면이다.
"에이, 저건 아니다!"
 몸을 상품화시키는 건 광고주의 마케팅 전략이겠지만 나도 모르게 반감이 튀어나왔다. 그런데 뜬금없이 아들놈이 "엄마가 해야 하는데, 광고에 나갈 유일한 기회인데." 하면서 능청스럽게 내 약을 올린다. 내가 그 정도로 뚱뚱하지는 않다고 꿀밤을 먹이자 녀석은 느닷없이 "엄마 기억나? 여수 향일암에서 바위문에 걸렸던 것." 이렇게 한 방을 던져 주는 녀석 때문에 난 마음이 쪼그라들었다.

정말 그랬다. 몇 년 전, 여수 향일암에서 바위문에 걸렸던 적이 있다. 해를 바라본다고 하여 향일암이라는 절, 많은 이들이 해맞이하려고 향일암을 찾는 이유다. 절까지 가는 길이 오르막이라 가쁜 숨을 몰아쉬며 거의 다 올랐을 때쯤 길을 가로막고 우뚝 선 바위를 만났다. 누구라도 잠시 발길을 멈추고 바라볼 수밖에 없다. 바위와 바위 사이에 난 좁은 통로를 자신의 몸이 빠져나갈 수 있을지 가늠해 보아야 한다. 가족들은 가뿐하게 그 문을 빠져나갔다. 그러곤 바위문 건너편에서 미지의 세계라도 만난 사람들처럼 신이 나 있었다. 그런데 나는 문을 빠져나가려고 몸의 부피를 최대한 작게 전신을 옆으로 틀었지만 결국 걸리고 말았다. 그 우스꽝스러운 모습이라니….

바위의 좁은 통로를 사이에 둔 이쪽과 저쪽의 경계. 아이들은 무슨 흥미로운 볼거리라도 찾은 듯 난감해하는 내게 약을 올렸다. 나는 뒤에 있던 사람들 눈치를 보느라 잠깐 바위문에서 물러나야 했는데 그때의 일을 아이들은 아직도 기억하고 있었다.

어느 날 갑자기 예상치 못한 난관에 부딪힌다면 이런 모습이 아닐까. 매일 한 지붕 아래서 잠을 자는 가족들도 곤란에 처한 나를 보고 킥킥거리며 남의 일 보듯 하는데 가장 근본적인 외로움에 부딪힌다면 누가 내 곁에 있어 줄까. 내 뒤에서 기다리고 있던 또 다른 사람들이 내가 그 문을 조심스럽게 건너기를 기다려 주지 않고 내 앞을 지나가는 것. 내가 빠져나가지 못하자 나와 비슷하거나 더 뚱뚱한 사람은 나를 기준 삼아 용기를 내지 못하고 서 있어야 하는 어색함. 눈짐작으로 하는 어설픈 기준이 얼마나 위험한 것인지 알기나 하는지. 처음 만나는 사람과 뜻하지 않은 장소에서 오랫동안 만났던 것처럼 교감을 나누거나 전혀 공감하고 싶지 않지만 어쩔 수 없이 비슷한 처지가 되어 어색한 미소를 나눠야 하는 것. 한평생 이러다가 가는 것은 아닌지 하는 불안함이 때때로 내가 나를 버리고 싶은 이유다.

향일암에 관한 그 쓸쓸한 기억은 꽤 오랫동안 내 마음속에 남아 있었다. 그러다가 공광규 시인의 시 「향일암 가는 길」을 만났다. 시인의 시가 머리는 더 작아지고 몸뚱이는 부피가 늘어나 기이한 형상을 한 나를 더 깊이 들여다보게 했다.

바위와 바위가 기댄 암문을 거쳐야 / 암자에 오를 수 있다 / 암문은 좁고 좁아서 / 몸집이 크거나 짐이 많은 사람은 / 통과할 수가 없다 / 꼿꼿한 허리도 굽혀야 하고 / 머리를 푹 수그려야 할 때도 있다 / 가끔은 무릎걸음도 해야 한다 / 이렇게 겸손하게 올라가도 / 바위가 막아서고 사철나무가 막아서서 / 갑자기 방향을 틀어야 한다 / 대웅전에서 해우소 가는 길도 그렇고 / 산신각 가는 길도 그렇다 / 비가 와도 우산을 접어야 한다 / 이건 분명 부처님의 기획이다 / 오늘은 비가 와서 / 비를 맞으며 바위문을 통과했다 / 빗방울이 나를 밟고 활엽수에게 건너간다 / 바람이 불 때마다 온산이 뒤척이며 / 파도 소리 법음을 내고 있다

- 공광규, 「향일암 가는 길」 전문

이 시를 만난 후에 내가 암문을 통과할 수 없었던 이유를 알았다. 바로 코앞만 보고 조급함에 넓게 벌리고 내딛던 다리는 두 손을 모으는 마음으로 좁혀야 했다. 나지막이 몸을 구부려 살며시 방향을 틀었어야 할 허리를, 푹 수그렸어야 할 머리를, 뻣뻣한 자세로 암자를 향해 서둘러 갔던 것이다.

시인은 그곳을 몇 번이나 갔는지 모르지만 나는 세 번이나

다녀왔다. 처음은 결혼하기 전에 눈빛만 봐도 서로 마음이 통하던 친구와 드넓은 남해를 보며 수없이 많은 이야기를 내려놓고 왔다. 그래도 바다는 침묵했다. 우리는 항하사恒河沙 같은 이야기 조약돌을 관음전 옆에 있는 나무 의자에 앉아 던졌다.

두 번째는 결혼 후에 아들놈이 말하던 그때였다. 여러 사람을 먼저 보내고 벌레가 몸을 웅크리듯 더 작게 만들어 바위문을 빠져나가 일출을 보면서 감탄했다. 바다를 온통 붉게 물들이고 나서 마지막 짧은 순간, 아주 짧은 순간에 둥근 몸을 드러내는 그 장엄. 잠시 한눈이라도 팔라치면 긴 기다림이 안타까워질 찰나이다. 그래도 바다는 숨죽여 기다렸다가 일출을 받아 냈다.

그때 나는 벌써 두 번이나 산모의 진통을 겪었으면서 바다의 진통, 새해가 시작되는 진통을 즐기러 그 먼 길을 갔었다. 바다는 그 큰 가슴으로 해를 받아 내고 있었지만 나는 바다가 될 수 없었다. 바다는 처음부터 바다였는데 난 처음부터 어머니가 아니었나 보다. 그래서 태초부터 해를 받아 내는 그 넓은 가슴을 가진 바다가 많이도 그리웠나 보다.

마지막은 최근에 갔다 왔다. 결혼하고 처음으로 혼자만의 휴가를 얻어 여행할 기회가 있었다. 대둔산 대둔사를 들러 여행 둘째

날쯤 여수 돌산대교를 지나 금오산에 남해를 품은 내 바다를 관조하고 싶어 찾았다.

  광고는 허위와 과장으로 고객을 속이고, 고객은 속는 줄도 모르고 새로운 것을 찾아 텔레비전 속의 세상을 배회한다. 세상의 바위문을 향해 소리라도 질러 보고 싶은, 아니 맞짱을 뜨고 싶은 일들이 얼마나 많은지. 그러지 않으면 나는 삶의 고객일 뿐이다.

읽기만 해도 치유가 되는 신나는 이벤트
– 임길순의「향일암 가는 길」을 읽고

문학에 '치료'라는 개념이 우리나라에 도입된 지 십여 년이 지났다. 시 치료, 저널 치료 등 다양한 형식으로 문학이 응어리진 가슴을 풀어 주고 있다. 굳이 '문학 치료'라는 거북살스러운 단어를 덧붙이지 않아도 (수필을 공부하는) 우리는 안다. 수필이 자기성찰에 가장 적확한 장르라는 것을. 글쓴이의 심흉에 집중하다 보면 동일시되어 함께 울고 웃는다. 그러다 보면 카타르시스를 느끼게 되고, 그 과정을 거치면서 마침내 자기 통찰이 되는 수필은 그래서 매력 있다. 읽기만 해도 그러할진대 내가 직접 쓰는 수필은 어떤가. 과거에 불협화음을 일으켰던 시간으로 돌아가 실타래 풀 듯 하나하나 재조명하다 보면 어느새 리드미컬한 현실로 승화시키게 된다. 문학이 '침묵의 상담사'라면 수필은 최고의 상담사이다. 조심스럽게 병원 문을 두드리지 않아도, 돈을 들이지 않아도, 스스로 치유되는 과정을 거치니 말이다.

삶에 골몰하다 보니 완독하던 『에세이스트』와 한동안 소원했다. 그러다 이번 31호부터 다시 완독했다. 좋은 문장에 줄을 치고, 작품마다 별의 개수로 점수를 매기며 책을 읽고 나면, 오래된 책처럼 너덜해진다. 30호 옆자리에 꽂아 두고 다시 일상의 정해진 몫의 생활에 몰두했다. 짜여진 시간에 바삐 움직이는 짬짬이 가슴을 따뜻하게 데우는 작품이 있었다. 임길순의 「향일암 가는 길」이다. 그녀의 길에 동행하듯이 그녀의 발길 따라 자박자박 걷고 싶어진다. 그녀의 무엇이 나를 부르고 있는 것일까. 그녀의 작품을 다시 감상한다.

뚱뚱한 여자가 지하철 출구를 빠져나오려 애쓰는 장면에 본능적으로 반감이 드는 작가. 그녀는 분명 뚱뚱할 것이다. 아들 녀석이 그 광고에 엄마가 나가야 한다며 약 올렸고, 작가는 나는 광고 속 여자만큼은 아니라고 우긴다. 그때 여수 향일암 바위문에 끼였던 일을 아들이 상기시키고, 작가는 이내 마음이 오그라든다. 절로 웃음이 나오는 장면이다. 해맞이로 유명한 향일암 오르막

길에 우뚝 선 바위. 그 바위 사이의 좁은 통로를 빠져나가야 하는데 그녀의 몸은 그 중간에서 멈춰 버렸다.

> 어느 날 갑자기 예상치 못했던 경계에 부딪힌다면 이런 모습이 아닐까. 매일 한 지붕에서 잠을 자던 가족들도 킥킥거리며 남의 일 보듯 하는데 가장 근본적인 외로움에 부딪힌다면 누가 내 곁에 있어 줄까.

참으로 난감했을 그녀는 그 순간에 '이쪽과 저쪽의 경계'를 생각하며, 최후의 고독을 직감한다. 대단한 통찰이 아닌가. 향일암 바위틈에 몸이 끼여 보지는 않았지만, 작가의 그 순간이 마치 나의 일 같았다. 인간은 누구나 '근본적인 외로움'을 예감한다. 다만 드러내지 않을 뿐이다. 삶의 길목마다 이곳과 저곳의 경계에서 오도 가도 못하고 쩔쩔매는 우유부단한 나는, 그녀의 외로움에 손을 내밀고 싶었다.

누구나 주연이길 바란다. 그 바람대로 살기 위해 노력하고 또 노력한다. 허나, 팍팍한 현실은 조연조차 허락하지 않을 때가 많다. 대하드라마 같은 인생 여정에 빛나는 주인공이 아니라고 그 삶조차 비루한 것은 아니다. 외로움을 감지하는 이들과 의지하며 따뜻하게 연명하기 때문이다.

바다는 그 큰 가슴으로 해를 받아 내고 있었지만 나는 바다가 될 수 없었다. 바다는 처음부터 바다였는데 난 처음부터 어머니가 아니었나 보다. 그래서 태초부터 해를 받아 내는 그 넓은 가슴을 가진 바다가 많이도 그리웠나 보다.

수필의 언어가 시의 언어에 부족하지 않음을 작가는 여기서 말한다. 자식을 둘이나 낳은 엄마였지만 해를 받아 내는 넓은 가슴의 바다를 그리워하며 그곳을 찾아가는 작가는 분명 바다만큼 넓은 가슴을 가졌을 것이다.

바다가 넉넉한 것은 많은 것을 품을 수 있기에 가능하다. 무심코 던지는 돌팔매도 수긍하고, 제 목숨 버리려 뛰어드는 생명도 수습한다. 이 꼴과 저 꼴 다 겪다 보니 모난 것이 뭉텅해져 둥글어졌다. 바다처럼 넉넉할 그녀가 바다를 그리워하는 것은 더 넓어지기 위해서 아닐까. 그녀는 분명 사람 바다임이 틀림없을 것이다. 누구나 품어 주는 바다 같은 그녀가 상상된다.

(…) 꼿꼿한 허리도 굽혀야 하고 / 머리를 푹 수그려야 할 때도 있다 / 가끔은 무릎걸음도 해야 한다 / 이렇게 겸손하게 올라가도 / 바위가 막아서고 사철나무가 막아서서 / 갑자기 방향을 틀어야 한다 / 대웅전에서 해우소 가는 길도 그렇고 / 산신각 가는 길도 그렇다 /

비가 와도 우산을 접어야 한다 / (…)

— 공광규의 「향일암 가는 길」 중에서

작가는 이 시를 만난 후에야 바위틈을 통과할 수 없었던 이유를 알았다고 한다. "넓게 벌리고 내딛던 다리는 두 손을 모으는 마음으로 좁혀야" 하고, "나지막이 몸을 구부려 살며시 방향을 틀었어야 할 허리를, 푹 수그렸어야 할 머리를 빳빳한 자세로" 갔기 때문이라 한다. 그녀는 공광규 시인의 시를 만나지 않았어도 충분히 낮추고 접으며 사는 사람이리라. 겸손한 이의 밝은 눈이었기에 시어를 음미할 수 있었을 것이라 믿는다. 내세울 것보다 감추고 싶은 것이 더 많아 위축되다 보니 저절로 겸손해진 보통 사람에게는 틈이 있다. 그네들은 나보다 키가 작고, 나보다 뚱뚱하고, 나보다 척박한 조건을 가졌다. 한편으로는 나보다 딩치고, 나보다 부자고, 나보다 용기 있는 사람이기도 하다. 그래서 서로가 가진 틈을 채우며 따뜻한 눈으로 보듬어 줄 수 있는 것이다. 틈이 많아 불어오는 바람에도 휘청거리는 내게 다가와 틈을 메워 주는 그녀의 따뜻한 글은 그래서 위로가 된다.

"텍스트 읽기는 독자의 인생사의 어느 특정한 시점에서 특정한 상황에서 특정한 시간에 일어나는 이벤트"(L· M 로젠블렛)라면 『에세이스트』라는 텍스트를 통해 우연히 만난, 얼굴도, 나이도 모르는 그녀와의 이벤트는 이제 시작이다. 삐쭉삐쭉 솟아오르는 모난 마음을 어루만져 주는 그녀의 글은 읽기만 해도 치료가 된다. 나는 작품을 읽고, 만점에 별 다섯 개를 주는데, 임길순의 「향일암 가는 길」은 만점이 아니었다. 그러나 그녀와 상호교통하고 있다는 느낌은 일상으로 스며들어 식어 가는 마음속 질화로에 불씨가 되기에 충분하다.

정아경 (평론가)

슬픔을 사랑합니다

슬픔을 사랑합니다

슬픔이 가슴에 내렸습니다. 슬픔은 나를 이기지 못하여 툭툭 내려앉더니 바람의 발목을 잡고 하소연합니다. 슬픔이 쏴아쏴아 요동을 칩니다. 강화 너른 들녘으로 무엇이든 버리려 떠났습니다. 먼지 쌓인 거미줄을 닮은 그물이 있는 곳이 그리웠습니다. 내 슬픔이 먼지가 가득 쌓인 메마른 슬픔인 까닭입니다. 새벽녘 찬 이슬을 문 거미줄은 아직 아무런 먹잇감도 포획하지 못하여 성스럽기까지 합니다. 슬픔이 그런 슬픔이라면,

텅 빈 줄무늬 같은 아픔이라면, 온몸에 찬 이슬을 묻히며 몇 날 며칠이라도 터벅터벅 밤길을 맴돌겠습니다.

슬픔을 버리려 강화 바다에 갔다가 들녘을 만났습니다. 가을을 넘치도록 품고 있던 들에는 텅 빈 기다림만 남아 있는 듯했습니다. 그들을 보면서 기다림의 숭고함을 알았습니다. 생을 풍성하게 살아온 사람만이 텅 빈 기다림을 안다는 것이지요. 한 번도 비어 보지 못하고 채울 줄만 알았던 나는 빈 들녘, 땅속 저 깊은 곳에서 준비하는 생명의 울림이 있는 줄도 몰랐습니다.

추수가 끝난 들녘은 누군가 빗자루로 쓸어 놓은 길처럼 많은 속내를 감추고 있었습니다. 얼마나 많은 사람이 길을 지나갔을까요. 들녘에도 한평생을 어여쁜 눈길로 쓰다듬은 그 진한 삶의 애환이 녹아 있었습니다.

슬픔이 발끝에서 철딱서니 없이 올라오더니 뜬금없이 강화도령이 임금으로 등극하기 전에 살았다는 철종 외가로 이끌었습니다. 조선 후기 치열한 왕위 쟁탈전을 놓고 싸우다가 당쟁에 희생된 철종이 자란 집에는 저를 닮은 슬픔으로 정적만 돌고 있었습니다.

그 집 앞 텃밭에는 세상일에 달관한 듯한 노부부가 배추를 뽑고 있었습니다. 권력에 눈멀었던 이들이나, 그들에게 희생된 이들이나 모두 사라지고, 노부부만이 허리를 굽히고 배추를 어우르는 얼굴에는 잘 익은 가을보다 더 튼실한 미소가 있었습니다. 시골의 한가한 들녘에는 이미 거둔 사랑, 거두는 사랑이 있습니다. 그래서 미소가 아름답습니다.

조금 멀리 떨어진 밭에서 노부부를 닮아 보이는 배추 두 포기가 마주하고 있습니다. 정답습니다. 삐뚤빼뚤하여 속이 꽉 차 보이지는 않습니다. 그래서 조금 더 알이 차라고 남겨 둔 것은 아닐는지요. 찬 서리 맞으며 속을 키워 내고 있을 배추. 한 포기만 덜그렁 있다면 슬픔을 놓지 못했을 겁니다. 둘이 마주 보기도 어려운 모양새를 하고도 나란히 밭을 지키는 그 모습 때문에 슬픔을 놓고 갑니다.

소리 없는 사랑. 노부부가 굽어진 허리로 자식을 위해 배추를 뽑는 땅 밑에서 소곤소곤 읊조리는 생명 이야기, 찬 이슬을 머금은 거미줄 같은 코끝 찡한 사랑이 있어서 어느 날 문득 손님처럼 찾아오는 슬픔을 사랑할 수 있습니다. 나는 생명이 묻어 있는 슬픔을 사랑합니다.

동 행

　　　　노을을 좋아하는 친구와 노을 찾아 떠나기를 좋아한다. 서쪽 하늘로 사라지며 태양이 주고 가는 그림을 즐기려고 떠난다. 먼 하늘로 사라지기 위해 가늠할 수 없는 아련함을 주고 유유히 사라지는 한가함이고 고요함이다. 그렇게 그리는 경건한 예술에 저절로 손을 모으게 된다.

　제주도를 하릴없이 머무르다 우도를 가보기로 했다.

　사람들이 섬에서 나올 즈음 배를 타고 들어갔다. 섬 전체에 우리 둘밖에 없는 것처럼 한적했다. 바닷가를 돌다가 노을이 지는 곳에 자리를 잡았다. 해안도로에 털썩 주저앉아 그렇게 바다로 지는 노을을 넋 놓고 바라보았다. 보고 싶은 노을을 보고 있으려니 마음의 여유도 생긴다. 서로에게 친구이기도 하고 아주 편한 스승이기도 하다. 스승의 날 우린 서로에게 같은 곳을 바라보며 동행하는 친구가 있어서 감사하다고 꽃바구니를 보낸다. 얼마나 감사한 인생인가. 같은 노을을 보며 말없이 앉아 있어도 좋은 사람·친구. 지나온 풍경과 가까이 있는 그림이 같고 우리가 도착하고 싶은 곳이 같아서 굳이 말을 안 해도 된다.

길을 걷다 보면 갈 길이 멀다고 느껴지거나 목적지가 보이지 않아서 불안해한 적이 어디 한두 번인가.

인연도 이러한 불안 때문에 집착해서 그렇지 흐르는 물이나 봄, 여름, 가을, 겨울 계절이 바뀌듯 머물 수는 없다. 내 생각대로 애착하거나 미워할 수 없는 것이 인연이다.

이러한 집착과 관계없이 어느 때고 곁을 보면 그녀가 말없이 거기에 그렇게 있다.

둘이는 노을을 찾아 많이 다녔다. 해돋이가 희망과 출발을 보러 가는 거라면 노을은 지는 것을 보기 위해서 가는 거다. 서쪽 하늘로 도도하지만 미련을 남기지 않고 해가 넘어간다. 그래서 머릿속을 비우는 데 좋다. 바라만 보고 있으면 되니 무엇이든 비우기에 좋다. 인생의 마지막이 노을처럼 사라지면 좋겠지.

다음 날 우도를 나와 애월읍에서 어슬렁거렸다. 슬며시 해 넘어갈 때가 되고 우린 해넘이를 위해 애월읍 해안도로를 달렸다. 인적이 없는 곳을 찾아 또다시 노을과의 정담을 시작했다. 저 먼 바다에 꿈처럼 노니다가 한눈파는 사이에 바닷속으로 사라지는 해를 놓치지 않기 위해 스마트폰으로 사진 찍는 것도 잊지 않았다.

쪽빛 바다는 노을이 주는 대로 물들어 간다. 쪽빛 바다에 흠결 없이 스며들어 가는 노을의 만취. 거기에 취해서 한참을 비틀거린다. 얼마나 취해 있었을까. 네다섯 살쯤 되어 보이는 아이 둘과 젊은 엄마가 우리 곁에서 우리보다 더 노을을 온몸으로 느끼고 있었다. 그들은 바람개비처럼 노을과 함께 출렁거리다가 이내 팔을 좌우로 다리를 이리저리 흔들며 마치 잠자리처럼 노을 속으로 들어갔다. 쪽빛 바다와 노을밖에 없던 카메라에 그 가족이 같이 담기기 시작했다.

바다, 노을, 등대만 담겼던 사진을 보며 아름답다고, 한적하다고, 취해 있었던 우리는 이게 웬일인가. 바다와 노을, 등대 그리고 가족이 함께 담긴 사진에 놀랐다.

사진이 살아 있었다. 그들은 노을 속으로 들어가 하나가 되어 있었다. 아무리 노을이 아름다워도 사람이 함께 어울려야 완성되는구나! 그 가족이 우리가 놀던 노을 속으로 들어와 주어서 사람이 참으로 아름답다는 걸 알았다.

사람人이 함께하니 더욱 아름다운 노을이 되었다.

그네 탄 송사

　　움직이는 듯 움직이지 않는 듯 흔들리는 그네에 앉아 있는 것을 좋아한다. 두 발을 그네에 올리고 있는 힘껏 차오르는 그네 타기는 하지 않는다. 앞으로 날아오를 때 양 볼과 콧등을 스치는 바람과 가슴에 활짝 펼쳐지는 기운이 좋기는 하지만 순식간에 뒤로 밀려날 때 온몸을 휘감는 서늘함이 두렵다. 앞으로 높이 날아오른 만큼 뒤로도 날아야 하는데 어딘가로 추락하는 느낌이다. 내 흔들림은 그네에 앉았을 때 땅에서 발이 떨어지지 않을 만큼이 좋다.

　IMF 때였다. 구설수로 송사에 얽혀서 기관에서 조서를 받으러 오라고 시도 때도 없이 전화가 걸려 왔다. 이른 아침과 늦은 저녁까지 전화벨 소리만 나면 두려움 반 짜증 반이었다. 남편은 전 재산을 주식에 넣어 둔 상태에서 1997년 겨울 경제 위기를 맞았다. 우리의 것이 아닌 큰돈들이야 넘쳐났겠지만, 우리에겐 엄청난 액수였다. 경제 위기가 오기 전에 주식으로 약간의 재미를 본 그는 억! 억! 소리 나는 돈을 주식에 쏟아부었다. 그는 증권회사에 맡긴 돈에 신용대출까지 받아서 몽땅 넣었다.

　밤이면 우황청심환을 먹고 잠자리에 들었지만 두세 시간도 못 자고 일어나 아파트 베란다에 멍하니 서 있었다. 우리 가족은 하늘 높은 줄 모르고 뛰어오른 그네 하나에 모두 올라탄 식이었다. 그네가 기우뚱 중심을 잃으면 언제 떨어져서 곤두박질칠 줄 몰랐다. 곤두박질치더라도 한 곳으로 떨어져야 했다.

　나는 특단의 조처를 해야 했다. 우린 아직 젊고 일할 기회가 있다. 인생이라는 긴 학교에 엄청나게 비싼 수업료를 치렀다고 생각하고 훌훌 잊자며 남편을 달래야 했다. 그렇게 견디면서 그네는 조금씩 중심을 잡아 가고 있었다.

  화는 쌍으로 온다고 했던가. 그가 건물 공사를 했는데 일을 마친 건물 주인이 돈을 주지 않아 속을 끓였다. 사업하는 사람에게 이런 일이야 늘 있기 마련이다. 그러나 주식으로 망한 데다가 받아야 할 돈도 차일피일 미뤄지자 평정심을 잃은 그는 지인과 점심으로 설렁탕을 먹으면서 속말을 했고 이것이 사달이 났다. 누구라도 공사비를 받아 주면 받은 돈의 얼마라도 주고 싶은 심정이라고 한 것이다. 그가 한 말은 딱 이 말 한마디뿐이었다고 했지만 공포의 전화는 우리를 괴롭혔다.

  경제 위기 때 돈의 쏠림 현상이 크다는 것을 알았다. 돈이 필요한 사람에게는 참으로 귀한 때였다. 지인은 남편이 했던 말을 그의 지인한테 생각 없이 했고 그 지인은 동네 사람에게 했다. 동네 사람은 조물주보다 위라는 건물주를 겁도 없이 협박했다. 어쨌든 건물주는 조물주보다 무서웠다. 건물주는 맞지도 않았는데 폭행당했다고 서울의 대형 병원에 입원했다.

  이렇게 해서 남편은 어느 날 갑자기 조폭이 되어 조사를 받게 되었다. 이런 걸 두고 환장할 일이라고 하는 것이 맞겠다. 남편은 속을 뒤집어서라도 보여 주고 싶은 심정이라고 답답해했다.

그네는 다시 심하게 흔들렸고 앞으로 힘차게 날아올랐던 그네가 뒤로 갈 때처럼 명치가 서늘했다. 조물주 위에 건물주라는 말이 실감 났다.

  가진 돈을 탈탈 털어 주식에 넣었고 하필이면 그때 IMF가 올 거라는 걸 예측하지 못한 자신 탓을 해야 할 일이었다. 공중으로 사라진 돈이 아깝기도 하고 빨리 다시 회복해야 한다는 조급증에 해서는 안 될 말을 뱉은 것이 송사에 휘둘리게 된 것이다.

  집으로 날아오는 세금 고지서도 빨리 내라고 독촉하는 남자다. 우리는 정말 바르게 살려고 노력하는 것에 대한 자부심이 있었는데 증명할 방법이 없었다.

  좌복에 앉아 생각이란 것을 했다. '이! 뭣고' 화두를 챙기며 현재 이 어려움의 근원은 무엇일까, 눈에 보이는 것과 보이지 않는 것까지 크고 작은 원인은 많이 있었다. 그러나 원인만 탓하고 있을 수는 없었다. 어떤 방법으로 해결해야 할지를 참구參究했다. 불량시민이 아닌 평범하지만 나름 성실하게 살아가는 대한민국 국민이라는 걸 어떠한 방법으로 증명해야 하는지 곰곰이 엮어 나갔다. 아무리 증거를 내놓는다고 해도 송사를 맡은 기관에서 믿어 주지 않으면 도로아미타불이다. 그렇다고 딱히 생각나는 방법도 없었다.

웃기기도 하고 부질없기도 할 묘책이 생각나긴 했다.

결혼 전부터 오랫동안 보육원에 있는 한 아기를 후원하고 있었다. 아기의 이름으로 된 통장은 성인이 되어 보육원을 떠나야 할 때 자립할 수 있는 기반이 되었다. 후원을 처음 시작할 때는 몇몇 친구가 내 이름으로 된 통장에 돈을 조금씩 보내오면 내가 아귀를 맞춰 아기의 이름으로 된 계좌에 입금했다. 그러다가 친구들이 하나둘씩 결혼을 하게 되었고 각자의 생활이 달라지니 마지막에는 나만 남게 되었다.

그렇게 해서 아주 적은 돈이었지만 성인이 될 때까지 그 아이를 후원했다. 그때는 지금처럼 온라인 거래를 하던 때가 아니라서 종이로 된 영수증이 집으로 왔다. 나는 영수증이 오면 누런 봉투에 넣어서 보관했다. 우리 아이가 태어난 후에도 그 아이를 후원하면서 받은 영수증 뭐 이런 종류들을 모아 버리지 않고 있었다. 그중에서 가장 소중했던 것은 크리스마스와 어버이날 받은 편지였다. 소년으로 자란 아기가 꾹꾹 눌러써서 보낸 편지를 읽을 때의 뭉클함이 아직도 기억에 남아 있다.

누구를 위한다는 것은 내 영혼을 정화하기 위한 노력 같은 거였다. 나도 가난했지만, 가난을 같이 나눌 때의 울렁증이 좋았던 그런 때였다.

누런 서류 봉투를 얼마나 오랫동안 가지고 있었는지 가장자리가 헤져서 너덜너덜 닳아 있었다. 다음에 조서를 받을 때 그 봉투라도 가져가서 보여 주면 우리가 나름 바르게 살았다는 게 증명이 될 수 있을까 싶었다.

얼마나 급했던지 남편은 내가 건네준 누런 봉투를 쇼핑백에 담아 현관문을 나섰다. 조서를 받으면서 부끄럽게 "집사람이 이거라도 갖다 주라고 해서…."라며 누런 봉투를 내밀었다고 한다.

어찌 되었든 그날 이후로 전화는 없었다. 그네는 불안하긴 했지만, 가족 누구도 떨어지지 않고 땅으로 안착할 수 있었다.

가정이 조금씩 안정을 찾게 되자 남편은 만약에 내가 조금이라도 잔소리를 했으면 아마 자기는 아파트 10층에서 뛰어내렸을지도 몰랐다며 통 크게 잔소리하지 않은 나에게 고마워했다. 이랬던 그가 세월이 지나 그때 이야기를 하면 자신은 결코 혼자 잘 살려고 그랬던 것이 아니라 처자식을 위해서 투자했던 것이라고 말한다. 내가 그 돈은 현재의 가치로 치면 20층짜리 건물은 될 거라며 한심스러워하면 그는 두 아들에게 "… 엄마 돌아가시면

무덤에 20층짜리 장난감 건물 넣어 드려라."라고 하면서 자리를 피한다.

그가 투자했다고 하는 돈이 파란 하늘 멀리 날아갔을 때 그의 머리가 하얗게 세는 것을 보았다. 잔소리를 할 수 없었던 건 내가 받은 스트레스보다 본인이 받는 고통은 비교할 수 없다는 것을 알기 때문이었다. 다시는 욕심의 굴레를 쓰지 않게 하려고 철저하게 감시한다. 그는 벗어나려고 하지만 초음속 레이더인 내 두 눈을 피하긴 어려울 것으로 생각하면서….

살아가면서 인생의 화를 불러들이는 것 중에 욕심이 원인 되는 게 많다. 그 욕심의 종류도 참으로 다양하다. 감당할 수 있을 만큼의 욕심이야 동기부여가 될 수도 있겠지만 지나친 욕심이라는 것을 알지 못하고 벌이는 일들은 불행의 이유가 되기도 한다.

나는 완벽한 행복도 빠져나오지 못할 불행도 없다고 생각한다. 우주는 신의 공간만이 존재하는 것이 아니라 인간의 공간도 존재한다. 감정은 그네처럼 흔들리고 내가 만드는 사회적, 자연적 환경에서 생각도 늘 바뀐다. 이런 불안 속에서 어느 쪽으로 치우치지 않고 나를 바로 알아 챙기는 것이 행복으로 가까이 가는 길일 것이다.

줄탁동시

　　　　도봉산 가을 산행을 하고 내려오는 길이다. 먼지가 낙엽보다 더 풀풀 날리는 건조한 산길이다. 일찌감치 몸을 낮춘 나뭇잎이 마른 땅을 덮고 있다. 얼마나 많은 이들이 지나갔는지 깡깡 마른 잎이 반질반질하다. 잠시라도 길에 집중 안 하면 미끄러질 판이다.

　길이 두려울 때가 한두 번이 아니다. 길! 걸어 다니고 있지만 어떤 고리를 순환하는 운명 같은 것. 어디를 향해서 걷는다는 것,

한번 걸어간 길을 다시 걸을 것 같지 않지만, 그 길을 다시 걷게 되는 섭리. 나는 이미 길에 대한 두려움을 알아 버렸다.

그래서 조심스럽다 못해 살금살금 내려오는 나와는 달리 녀석들은 달리듯이 산을 내달린다. 때맞춰 도토리까지 툭툭 떨어져 주니 신이 났다. 다람쥐가 양 볼에 도토리를 물고 가듯 놈들은 주머니 가득 주워 담아서는 서로에게 던져서 맞추는 장난을 치느라 신이 났다.

금방이라도 위험한 산길에 널브러질 것 같은 아슬아슬함에 결국, 나는 눈을 부라리며 회초리를 꺾어 들었다. 한 번만 더 장난치면 가만히 안 둔다고 위협을 하며 내려오는데 두 놈의 쑥덕임이 들린다.

"형, 부처님은 거짓말쟁이다. 아까! 절에서 엄마가 부처님한테 절하면 소원 이루어진다고 했잖아. 그때 형은 뭐라고 기도했어?"

형은 말하면 소원이 이루어지지 않는다고 대답하는 눈치인데 막내가 연이어 대답을 강요한다.

"난, 엄마한테 혼나지 않게 해달라고 기도했는데 바로 혼났잖아!"

아이고! 뒤통수가 가려워서 손에 들려 있던 회초리를 슬그머니

던졌다. 오늘 하루, 아니 적어도 산에서 내려오는 동안은 화가 나도 참았어야 부처님은 거짓말쟁이란 소리는 듣지 않는 건데, 천천히 내려오면서 녀석들의 노는 모습을 가을날의 아름다운 풍경으로 봐주지 못한 것이 못내 아쉽다.

녀석은 한 수 더 뜬다.

"아빠, 부처님하고 하느님하고 누가 힘이 더 세?"

아이들은 넘어져도 많이 안 다칠 정도가 아니라 사내 녀석들은 넘어지기도 하며 자라야 한다고 내 잔소리에 불만을 품고 있던 남편은 "하느님이 더 힘이 세지." 하며 약을 올린다.

『벽암록』에 줄탁동시啐啄同時란 공안公案이 있다. 닭이 알을 품었다가 달이 차서 알 속의 병아리가 소리 내어 우는 것을 '줄'이라 하고, 그 반대로 어미 닭이 그 소리를 듣고 밖에서 맞쪼아 껍질을 깨뜨려 주는 것을 '탁'이라고 한다. 어미 닭의 부리와 병아리의 부리가 마주쳐야 한다. 두 행위가 동시에 일어나야 온전한 병아리가 될 수 있다. 생명이 탄생하는 환희의 순간이 신비롭다.

이것을 선가에서는 스승이 제자를 깨달음에 이르게 하는 것을 말할 때 비유한다. 어미 닭이 알을 품듯이 스승이 제자를 끊임없이 보살펴서 그 근기가 무르익었을 때 탁! 쳐주는 것이다. 제자는 수행이 순숙純熟할 때까지 오매불망 정진해야 한다. 줄이든 탁이든 개체로서는 존재의 의미가 없다. 둘이서 찰나에 하나가 되어야 한다. 이심전심, 스승, 제자, 진리가 하나가 된 자리다.

아름다운 스승과 제자의 인연이지만 숙세宿世의 업을 닦지 않으면 만나기 어려운 인연이다.

이러한 인연이 선가에서만 있을 법한 이야기는 아닐 테다. 세간의 모든 인연에서 이리 된다면 그 세상이 화엄일 것이다. 세간으로 내려와 사랑을 기다리는 곳에 아주 작은 손길을 주는 일. 받는 이와 주는 이의 마음에서 그 순간이 빛난다. 학교 스승은 제자가 품은 지식의 높낮이를 알고 제자는 스승의 깊은 사랑을 알아 교감할 때 서로에게 감동한다. 세상의 모든 인연법이 이렇게 줄탁동시로 이루어진다면 얼마나 좋을까.

우리 아이들도 탯줄을 자르고 나올 때 '줄'을 할 수 있는 무한한 가능성을 가지고 나왔는데 어미 된 내가 '탁'을 할 수 있는 마음의 준비기 안 된 건 아닐까. 어미 닭과 병아리의 관계처럼, '적절한 때'가 중요한데 오늘은 그 시기를 놓쳤다. 병아리들은 순수하게 준비되어 있는데 어미 닭이 소리를 듣지 못해 병아리들의 감성을 위해 공들인 하루가 공염불이 되었다.

내가 어디를 향해서 걷고 있는지, 산에서 내려오긴 했는지. 가을빛이 황홀한 산 중턱에서 하느님과 부처님 경쟁을 붙였으니 어디로 가야 하나? 미궁이다.

마지막 주모

삼강 주막 툇마루에 걸터앉아 속절없이 내리는 빗줄기를 바라보고 있다. 하늘에 구멍이라도 뚫린 것일까? 이 비는 그칠 줄도 모른다. 유난히도 긴 장마다. 나루터로부터 불어오는 바람조차 비를 머금어 후텁지근하다. 한때 보부상들과 사공들로 북적였던 이곳은 이젠 전설처럼 이야기만 전해 올 뿐 예전 일을 기억하는 이는 거의 없다. 그 많은 나그네는 다 어디로 흘러간 것일까?

"주모, 여기 막걸리 한 통 주시오."

부엌에서 꾸벅꾸벅 졸고 있던 늙은 주모가 화들짝 놀라 황급히 술상을 차리고, 막걸리 한 사발에 얼굴이 불콰해진 길손들의 왁자한 삶의 애환들이 환영처럼 허공으로 흩어진다.

30대 초반에 남편과 사별한 유옥연 주모가 자식들을 건사하기 위해 60여 년을 운영했던 예천 삼강 주막. 소금과 쌀을 싣고 온 상인들과 보부상들, 한양으로 과거 시험을 보러 가던 선비들이 하룻밤을 묵으며 밤새 고달픈 인생사를 털어놓던 곳이다. 농사에 지친 동네 사람들에겐 목마르면 달려와 막걸리 한 사발 들이켜고 가던 사랑방이었다. 그 밤, 과거를 보러 가던 이는 간절하게 장원급제를 염원했을 것이고, 상인들은 자신들이 가지고 온 물건들이 비싼 금으로 팔리기를 기도했을 것이다.

2005년 '경북민속문화재 제134호'로 지정된 삼강 주막은 120년 전인 1900년에 지어졌다. 당시 조선에는 12만여 개의 주막이 있었다. 그렇게 호황을 누리던 주막들은 일제의 간섭으로 1919년엔 7만여 개, 1930년엔 5천여 개로 줄어들다가 이제는 낙동강 칠백 리에 유일하게 삼강 주막 하나만 남게 되었다. 주막의 마지막을 지켰던 유옥연 주모 할머니가 세상을 떠나면서 폐허처럼 방치돼 있다가 2007년에 옛 모습 그대로 복원했다.

장날이면 하루에도 수십 번씩 나룻배가 들고나던 삼강 나루. 그 옆에서 죽을 때까지 주막을 지키며 길손들의 안식처가 되었던 유옥연 주모 할머니. 그녀는 신분을 초월한 모든 이들의 어머니가 아니었을까? 허기진 이에겐 국밥을 말아 주고 잠자리가 필요한 이에겐 좁은 방 한 칸을 내주어 객고를 달래게 했으니…. 소금을 팔러 온 보부상이든 과거를 보러 가던 권세 높은 집안의 자제든 주모에게는 다 똑같은 나그네였을 터이다. 그녀 얼굴에 깊게 팬 주름은 질곡의 세월을 살아온 훈장이다.

문득 도선사 공양주였던 J 보살의 한스러운 삶이 떠올랐다. 새벽이면 누구보다 먼저 일어나 스님과 불자들을 위해 정성스레 공양을 지어 올리던 J 보살. 예천 명문가의 종부였던 그녀는 나이를 초월한 나의 오랜 도반이었다. 서울에서 상과 대학을 졸업하고 사업을 하는 남편과 사랑스러운 아들과 딸, 그녀에게는 무엇 하나 부러운 것이 없었다.

아들이 열 살 때였다. 하루는 집에 스님이 탁발을 하러 왔다. 그녀는 재빨리 광으로 달려가 항아리에 담겨 있던 하얀 햅쌀을 정성스럽게 떠서 스님 걸망 가득 넣어 주었다. 스님은 물끄러미 아들을 바라보았다.

"아들을 어디 멀리 양자로 보내세요. 그래야 아버지가 명을 잇게 됩니다."

스님은 그 말을 남기고 홀연히 사라졌다. 마치 소설에서나 나올 법한 이야기라 그녀는 애써 외면했다. 그런데 몇 년 뒤, 남편이 집으로 오던 길에 객사한 것이다. 집안의 자존심이자 동네의 자랑이었던 남편은 그렇게 허무하게 떠나고 말았다. 망연자실한 그녀는 탁발 나왔던 스님을 원망했고 독실하게 믿었던 불교와도 등을 돌렸다. 무엇보다 고통스러웠던 건 스님의 말을 듣게 된 아들이 자신 때문에 아버지가 죽었다는 죄책감으로 가슴속에 한을 품고 사는 것이었다.

그녀는 집안의 반대를 무릅쓰고 서울로 올라와 하숙을 치기 시작했다. 고향으로부터 멀어지는 것이 아들 가슴에 맺힌 운명의 굴레를 조금이라도 풀어 줄 것이란 신념 때문이었다. 아들은 뼛속까지 맺힌 원망을 공부로 한풀이했고, 명문대에 합격한 건 당연한 결과였다.

대학 졸업 후 외국계 기업에 취직하게 된 아들의 첫 근무지는 유럽이었다. 이제는 아들이 홀로 자신의 인생을 헤쳐 나가게 되었으니 자신이 할 일은 다 한 것 같았다. J 보살은 아들의 만류를 뿌리치고 하숙집을 정리한 후 도선사로 들어가 공양주가 되었다. 속세와의 연을 끊고 끝없이 공덕을 쌓는 보살행菩薩行을 실천한 것이다. 그렇게 하는 것이 그동안 등 돌렸던 부처님께 속죄하는 길이라 여겼다. 모든 것을 초월한 듯, 온 정성을 다해 끝없이 절을 하던 보살의 모습에는 범접할 수 없는 아우라가 있었다.

가만히 주막의 부엌을 들여다본다. 황토로 된 벽에는 지워지지 않은 수많은 금이 빗살무늬 토기에 그려진 무늬처럼 어지럽다. 누군가가 지고 간 외상값을 글을 모르는 주모 할머니가 자신의 방식대로 표시한 외상 장부다. 막걸리 한 잔은 가로로 짧은 금 하나, 막걸리 한 통은 긴 금 하나, 외상값을 갚으면 세로줄을 그었다. 할머니가 죽고 난 후에도 이렇게 많은 금이 지워지지 않은 걸 보면 길손들에게 외상으로 밥과 술을 주었던 그녀의 후덕한 마음 씀씀이가 짐작이 간다.

J 보살도 그랬다. 몇 달씩 하숙비를 못 내는 학생에게도 차별 없이 고봉의 밥과 반찬을 해 먹이며 마음 놓고 공부할 수 있게 했다. 그렇게 그녀는 시골에서 올라와 힘겹게 공부하는 하숙생들의 어머니가 되었다. 절을 찾는 신도들에게도 늘 넉넉하게 인심을 베풀었다. 다른 이에게 베풀고 또 베푸는 것이 운명의 실타

래를 푸는 길이라 믿었다.

　J 보살 49재 날, 그날도 이렇게 비가 퍼붓고 있었다. 이국을 떠돌면서 생활하던 J 보살 아들은 꿈속에서 부처님께 간절히 기도를 올리는 어머니 모습을 자주 보았다고 했다. 어머니의 눈물겨운 기도와 공덕으로 오늘날의 자신이 있다며 눈시울을 적시던 J 보살 아들. 어머니가 그리울 때면 고향에 묻힌 어머니 산소에 참배하고 오는 길에 꼭 삼강 주막에 들러 국밥 한 그릇 먹고 간다는 그. 그는 이 주막의 마지막 주모였던 유옥연 할머니의 삶이 평생을 아들인 자신과 다른 이들에게 베풀고만 살았던 어머니와 닮았다고 했다. 빗줄기 속에서 들리던 그의 목소리는 비보다 더 습한 물기를 머금고 있었다.

　비가 그려 놓은 삼강 나루 안개 사이로 황포돛배를 젓는 사공의 환영이 보인다. 그의 원망과 그리움이 사공이 젓는 뱃길을 따라 사라지길 기원해 본다. 아니 어쩌면 나의 도반 J 보살은 저승에서도 아들을 위해 간절하게 기도하고 있지 않을까?

달 따르다

달빛이 이화梨花처럼 하얀 밤에는 길이 나를 부른다. 달빛 고요이다. 사방으로 열려 있기도 하고, 내가 가보지 않은 곳으로 연결된 길은 맑고 푸른 영혼을 불러낸다. 살풋하게 슬픔을 머금기도 하고 한가해서 고요한 달님을 따라 뚜벅뚜벅 걷다 보면 달님 곁으로 달무리가 차오른다.

앞산에 보름달이 걸리고 어느 몽상가의 노래처럼 달무리가 퍼진 날은 처연하다. 밤늦도록 길에서 살다가 길에서 스러지는 전설 같은 이야기를 얼마나 길어 올렸기에 저리도 많은 눈물을 간직했나.

길에서 살다 간 이들의 작은 노래도 놓치지 않으려고 달님이 들려주는 이야기에 발걸음을 맞추다 보면 마중 나온 달무리에 밤길이 촉촉하다.

고향 성암리 옆 동네에 달롱실이라는 마을이 있다. 서쪽으로 넘어가는 달빛이 아름다워 달농실로 불렸다고 한다. 산다랑이 밭에서 고된 농사를 지으며 서산으로 넘어가는 해님을 야속하게 밀치고 올라오는 달빛을 보고 집으로 돌아오는 길에 즐겼을 달빛이다.

고향은 달님이 유난히 아름다운 곳이다. 집 울타리 주위의 과일나무들 위에 걸친 달님이 참으로 아름다웠다. 그중에도 나이가 제일 많았다고 여겨지는 배나무는 가지를 위로 올리지 않고 옆으로 아래로 늘어트렸다. 사방으로 늘어진 가지에 꽃이 피기 시작하면 뒤안은 하얗게 물들었다. 온화한 성정을 가진 하얀 꽃이었다. 온갖 새들과 벌, 나비들에게 가지와 꽃을 주었다. 그 나무는 아직도 꽃과 과일을 맺고 있다. 김장하는 날 친정을 가면

올케언니가 아가씨, 이제 배나무가 늙어서 과일이 많이 안 달려, 하면서 단물이 뚝뚝 흐르는 배 맛을 보이고는 종갓집 며느리답게 저장고에 애지중지 보관했다가 집안 제사에 올린다. 종부는 무슨 연유에서인지 내가 좋아했던 배꽃보다 배를 더욱 소중하게 여긴다.

꽃은 낮보다 달이 뜨는 밤에 더 빛났다. 방에서 뒤안으로 난 뒷문을 열면 하얗게 빛나는 봄밤이었다. 밤이 이슥하기 전에 올라오는 달님은 나와 꽃들을 달뜨게 했다. 밤바람이 차다는 부모님의 지청구로 문은 닫히지만, 달님과 이화들이 창호지를 밀고 들어오는 간지러운 놀림에 쉬이 잠들지 못하는 밤이었다. 형제들은 별일 아닌 이야기로 이불에 얼굴을 파묻고 집안 어른들 잠을 깨울세라 웃음을 참느라 애쓰며 이화가 활짝 핀 밤놀이를 했다.

낮달이 뒤안의 배꽃을 비추는 날은 정겨웠다. 서산으로 넘어가기 전의 아쉬운 해님과 소심한 낮달, 흐드러지게 핀 하양하양한 꽃이 만나는 날은 우리도 하얗게 물들었다.

어둠을 물고 촉촉하게 올라오는 달님과 달님의 살풋한 고요는 그렇게 나에게로 왔다. 어떤 색으로도 물들일 수 있는 달빛의 영혼은 길에서 만난 이들의 한숨 소리를 듣는다. 달님이 고운 성정으로 길 가는 이의 눈물을 길어 올려 달무리가 되는 소리를 나도 조용히 많이 들었다. 고요한 달빛이 사방으로 연결하여 만든 길에서 달무리의 이슬로 영혼을 달랜다.

  고향 울타리의 꽃들이 그립다.

그곳에 희망이 있습니다

그곳에서 희망을 본다

계명산을 휘감은 듯 늘어서 있는 과수원을 따라 산중턱쯤에 아이들이 산다.

과수원이 끝날 즈음이면 하얀 건물 속에 사과꽃보다 더욱 해맑은 아이들이 있다. 그 아이들이 기다리는 것은 우리가 아니다. 각 종교단체의 이름으로 일주일에 한 번씩 신행 단체의 교화! 시간에 맞추어 나들이하듯이 찾아가는 우리가 아닐 것이다.

일행들과 원생들을 만나러 가는 길에서 과수원을 만났다.

주인들이 나무를 얼마나 아끼는지 보인다. 나무들도 일 년 내내 주인의 애틋한 손끝 사랑을 받는다. 그들의 희망이기 때문이다.

아무에게도 희망이 되어 보지 못한 아이들. 그래서 희망이 없어 보인다. 그들도 보통의 아이들이다. 사랑받고 싶어서 안달한다. 그래서 세상을 거부해 볼지도 모른다. 그 단 한 번의 작은 실수지만 보살펴 줄 부모가 없어 하얀 건물을 찾아야 한다. 그들도 우리와 똑같은 감성을 가지고 있다. 사랑받고 존중받을 권리가 있다.

행복과 불행의 처음과 끝은 아무도 모르는 것이 우리 인생이다.

어설픈 합장을 하고 열심히 찬불가를 부르는 아이들을 보면 가슴 한 면에서 울컥 덩어리들이 올라온다. 노래를 부르며 눈물을 훔치는 아이들도 있다.

원장의 말에 의하면 꽤 많은 청소년이 한부모 가정의 아이들이거나 조손 가정의 아이들이란다. 원생들 한 명 한 명에 대해서 귀띔하는 원장의 입이 마술사의 손처럼 느껴진다. 현실에서 일어날 수 없을 것 같은 가정사들이 슬슬 풀려 나온다. 그들의 부모도 남모르는 눈물을 흘렸겠지만, 눈물로 아이들의 고통을 대신하기에는 변명이다. 울컥울컥 올라오는 슬픔은 누구라도 부모 대신 사랑을 주어야 한다는 책임감 때문이었을까.

스님 법문은 5분도 안 된다. 기도는 아예 없다. 스님의 법문이 길어진다면 예식장에서 긴 연설에 하품하거나 잡담으로 지루해하는 손님의 입장을 생각지 않는 눈치 없는 주례사와 같았을 것이다.

스님은 원생들을 알고 있었다. 그들이 원하는 것은 부처님 말씀보다 더욱 절실한 그 무엇들. 우리는 둘러앉아 원생들의 이름을 불러 보며 준비해 간 음식을 나누어 먹는다. 다정하게 부르면 대답에도 익숙하지 못하다. 그들의 이름이 불린 것이 아득하다는 듯 부끄러워한다. 두런두런 이야기 중에도 꼭 잊지 않는 스님의 말씀이 있다.

"부처님이 따로 있는 줄 알면 안 된다. 여러분의 부모님이 부처님이다. 미워하지 마라."

아이들은 알 듯 모를 듯 고개를 끄덕인다.

"오늘 부처님이 누군 줄 아나, 관음화 보살이다. 따듯한 마음으로 맛있는 것 주면 부처지 뭐, 관음화 이야기 좀 해보소."

스님은 혼자 이야기하지 않고 일행 중 누구에게라도 말할 기회를 준다. 스님의 말에 나는 어쩌고저쩌고 두서없는 이야기를 한다.

오늘 아침이 엄마 생신이다. 며칠 전 달력을 넘기다가 곁에 있는 엄마한테 "엄마 생일날이 소년원 가는 날이네. 선물 드리려고 용돈 조금 모아 놓았는데, 그 돈으로 원생들 선물 사다 줘도 돼요?"

"…."

"나중에 더 좋은 선물 사드릴게요. 이번 선물은 엄마가 원생들한테 하는 거예요."

선물을 받고 싶으셨겠지만, 딸의 말에 복잡한 심경으로 섭섭해하는 엄마를 모르는 체하고 소년원으로 가출했다는 말에 아이들은 즐거워한다.

그들에게 막내 남동생이 군 복무 중일 때 군복 입은 청년들만 보면 식당으로 데리고 들어가 짜장면을 사주던 정 많은 엄마를, 욕심쟁이라고 홍보하는 것도 엄마 자랑 같아 미안하다.

그래도 웃어 주는 원생들이 고맙다.

웃는 얼굴들 속에 보이지 않는 얼굴이 있었다. 크고 작은 사건·사고들이 쉬지 않고 일어나는 하얀 건물이지만 유난히 맑은 눈을 가진 아이였기에 없는 것을 알 수 있었다.

나오는 길에 원장한테 물어보니 병원에 입원해 있다고 한다. 어렵게 원장의 면회 승낙서를 얻어 병실을 지키는 원생을 찾으니 누워 있는 모습이 보인다.

"여기가 화이트 하우스보다 낫다."

스님이 씩씩한 인사를 한다.

"간호사 누나들이 엄마 같아서 좋아요."

잠깐 작은 이야기들이 오고 갔지만 원생의 말 한마디에 우리는 무거운 침묵을 한다.

스님과 우리는 안다. 가끔가다 얼굴을 내미는 우리의 만남이 저들에게는 일회성 즐거움밖에는 되지 못한다. 내려오는 길은 언제나 그렇지만 이러한 날은 일행 중 누구도 말을 하지 못한다. 무거운 발걸음 소리만 들릴 뿐이다.

각시붓꽃

"그런 소리 하지 말어! 노인복지 받을 자격이 있어. 6·25 때 우리가 얼마나 고생했는지 알어? 우리 노인들이 고생한 거에 비하면 이 정도는 아무것도 아니여."

할머니는 흥분해서 큰소리를 내서인지 숨까지 차올랐다.

조그마한 암자에서 기도가 끝나고 한가하게 차를 마시며 각자의 이야기를 달곰한 엿가락처럼 늘어놓고 있을 때였다. 그때 비교적 젊은 나이의 한 신도가 우리나라는 노인복지가 너무 많다고 불평하던 끝에 나온 어르신의 단호한 말이었다. 꽤 오랫동안 보아 온 할머니는 작은 체구에 매무새가 조신했고, 늘 수줍은 미소로 겸손을 잃지 않던 분이다. 분위기가 싸해지자 한둘씩 방을 빠져나가고 할머니와 그녀의 오래된 벗과 나, 이렇게 셋이 남게 되었다. 할머니와 아랫녘 윗녘에서 오랜 세월을 같이 겪은 친구는 아무것도 모르는 젊은것들이 노인을 홀대한다고 같이 역정을 냈다.

할머니는 처음으로 당신 이야기를 하셨다. 6·25 난리 통에 할아버지가 군대에 가셨다고 했다. 그때 할머니는 스무 살밖에 안 된 새색시였다. 혼례를 치르자마자 새신랑은 신부를 시어른 곁에 남겨 놓고 전쟁터로 떠났다. 그해부터 젊은 미망인은 절에 다녔다. 해발 500 고지 월악산에 있는 작은 암자였다. 동네 논밭을 가로지르고 육십 리 길을 걷고 걸어 오직 남편이 무사히 돌아오기를 바라며 간절하게 기도를 했다 한다. 한 말이나 되는 쌀과 들기름, 참깨 등을 정성껏 머리에 이고 한 번도 바닥에 내려놓지 않고 절까지 올랐다고 한다. 이때 얻은 할머니 별명이 '산다람쥐'였다.

남편을 위해 육십 리 길을 걸어서 절에 오르는 며느리에게 동네 어른들이 붙여 준 별명이었다. 걸음이 어찌나 빠른지 누구도 따를 수가 없었다고 했다. 할머니 댁이 어느 동네인지 알고 있는 내가 어림짐작해 보면 절에서 차로 가도 삼사십 분 정도의 거리다.

  전쟁은 끝났지만 남편은 돌아오지 않았다. 시어른들과 동네 사람들은 모두 남편이 죽었다고 생각했다. 시댁 어른들은 하늘이 보이지 않는 절망감으로 남편이 전쟁터에 나간 날을 기일로 잡아 제사를 지냈다. 꽃다운 청춘이었던 그녀는 층층시하 시댁 어른들이 지내는 남편 제사를 믿지 않았다고 한다. 꼭 살아서 돌아올 거라고 믿으며 새벽에 일어나 월악산 쪽을 바라보며 지극정성 기도를 했다. 그 험한 산길을 오르내리며 할머니는 얼마나 많은 서러움과 그리움을 참아냈을까.

  기도 덕분이었을까. 어느 날, 거짓말처럼 남편이 돌아왔다. 전쟁이 끝나고 남북 포로 교환 때 구사일생으로 고향으로 돌아온 것이다. 팔십 중반이 다 되어 가는 노인은 설화를 이야기하듯 애틋한 표현보다는 부처님이 살려서 보내 주셨다고 부지런하게 말했다. 그러면서 힐끗 이리저리 주변을 살피더니 조심스럽게 말을 이어 갔다. 포로 교환에서 구사일생으로 살아 돌아온 남편이 이불 속에서 몰래 한 말이란다.

  남편으로부터 전쟁 통에 고생한 이야기, 포로수용소에서 고생한 이야기를 수도 없이 들었지만 다 잊어 먹었는데 잊히지 않는 이야기가 있다고 했다. 남편이 포로수용소에 있을 때 같은 남한 군인인데도 징글징글하게 동료들을 괴롭혔던 군인이 있었다고 했다. 남으로 내려오는 차 위에서 그로부터 괴롭힘을 당했던 여러 명의 군인이 그를 잡아끌어 차 밖으로 집어 던졌다는 이야기였다. 아하! 나는 못 들을 이야기, 들어서는 안 될 이야기를 들은 것처럼 내적 갈등을 일으켰다. 가슴은 대웅전 추녀 끝에서 세찬 바람에 흔들리는 풍경처럼 쾅쾅거렸다.

할머니도 절대 해서는 안 될 비밀 이야기를 했다고 생각했던지 얼굴이 빨갛게 상기되었다. 그 이야기를 비밀로 간직해야 할 것 같아서 긴 세월 동안 혼자 몰래 간직하고 있었다고 했다. 나와 함께 이야기를 들으며 앉아 있던 아랫녘 노인은 맞는 말이라며 추임새를 넣었다. 그러면서 할아버지는 구십 세가 넘었는데도 건강해서서 아직 농사를 짓는다며 오늘 아침에도 농약 통을 메고 배추밭에 거름 주는 걸 봤다고 했다.

할머니가 각시붓꽃을 닮았다고 생각했다. 새신부는 전쟁터에 나간 남편 소식을 기다리며 얼마나 애간장을 녹였을까? 함초롬한 각시붓꽃처럼 어르신은 참으로 많은 이야기를 갈무리하고 있었다.

할머니는 조금 전 했던 말을 잊기라도 해야 할 듯 목소리를 높여 올겨울이 추울 거라며 날씨로 화제를 돌렸다. 할아버지가 김장밭에 약을 칠 때 무를 하나 뽑았는데 엄청 단단하다고 했다. 아까와는 다르게 자신만만한 목소리로 "김장 무가 단단하면 그 겨울이 춥고, 단단하지 않으면 덜 추워. 참으로 신기한 일 아닌가?" 하면서 내 동의를 구했다. 오랜 세월을 살아온 어른들의 경험이 소중한 자산이라는 걸 잘 아는 나는 할머니의 말에 맞장구를 치며 신기해했다. 아랫녘 노인은 또 말을 이어 나간다.

"저이가, 우리가 클 때는 여자라고 글을 안 가르쳤는데 집안이 좋아서 육십갑자를 다 외워서 시집을 왔어. 그래서 여자지만 동네일을 다 했지." 하면서 마치 자기 일인 양 자랑스럽게 말한다. 그 말은 친구가 하는 말을 다 믿어도 좋다는 말일 거다. 두 노인은 육십 년 넘게 아랫녘, 윗녘에서 한 식구처럼 살았으니 웬만한 혈육보다 끈끈한 정으로 힘든 세월을 같이 보냈다고 한다.

한두 해가 더 지나자 절에서 그녀를 볼 수 없게 되었다. 할아버지가 치매에 걸렸고 혼자 집에 있게 할 수가 없어 오시지 못했다며 오래된 벗이 소식을 전해 주었다. 할아버지가 바나나를 좋아하신다며 챙겨 가던 모습이 생각나서 과일 한두 가지를 챙겨 두 분을 뵈러 갔다. 할아버지가 치매는 심하지 않은데 할머니가 없으면 무얼 자꾸 끓이려고 가스레인지에 불을 켜서 꼼짝할 수가 없단다. 노란 바나나를 하나 뜯어 할아버지에게 건네주는 모습이 금실 좋은 노부부였다. 할아버지는 구십이 넘은 노구지만 젊었을 때의 몸을 짐작할 수 있을 만큼 풍채가 좋았다. 강골 있는 당당한 어깨와 아직은 살아 있는 눈매에서 얼마나 많은 말을 가슴에 묻은 채 살아왔을까 생각했지만, 그 깊은 속사정을 어찌 내가 다 짐작이나 할 수 있겠는가? 그다음 해에는 할머니도 치매가 왔는데 할아버지보다 더 심해서 두 분을 같은 요양원에 모셨다는 말을 아들한테서 들었다.

나는 나지막하게 속말로 이렇게 기도해 본다.

'할머니 말이 맞았어요. 올겨울은 날씨가 추워서 김장 무가 엄청나게 단단하고 달았어요. 각시붓꽃 할머니. 이제 할아버지가 손 꼭 잡으시고 헤어지지 마세요.'

초롱꽃 부부

　　　　어머님 아버님 소생 용돈 드립니다. 황OO. 팔순을 훌쩍 넘긴 노인이 부모님의 위패 앞에 조심스럽게 놓은 손편지다.

　얼마 전에는 반쪽이었던 할머니를 잃었다. 석가 탄신일에 노인을 만나면 어떻게 인사를 드려야 하나 생각이 많았다. 부모님의 위패 앞으로 보낸 짧고 강렬한 편지로 인해 노인을 보면서 하루 동안 꾹꾹 눌러 참았던 모든 것들이 올라왔다.

체크무늬의 중절모를 멋지게 썼고 하얀 모시 적삼과 바지를 입었다. 바지에 잡힌 주름은 손을 베일 정도로 풀질과 다림질이 되어 있었다. 할머니가 살아 계실 때보다 더욱 야무진 차림새였다. 고인이 홀로서기 해야 할 영감을 위해서 미리 준비라도 해 놓은 것처럼 정갈했다.

노인과 나는 불교로 맺어진 오래된 인연이다.『금강경』이야기며 살아온 이야기, 자식들 이야기 등 나이와 관계없이 서로가 서로에게 멘토가 되기도 한다. 만나면 많은 이야기를 나누는데 오늘은 눈으로만 아주 속 깊은 인사를 했다. 초롱꽃의 깊이보다 더욱 깊은 눈인사였다. 행사하는 내내 요사체 뜰에 있는 의자에 허리는 곧게 펴고 눈은 꾸욱 눌러 감고 하늘로 고개를 향한 채 입은 굳게 다물고 앉아 있다. 평상시에도 말이 별로 없고 행동이 점잖아서 어려워하는 사람들이 많았다. 오늘은 침묵의 무게가 너무나 무거워서 아무도 가까이할 수 없었다.

부처님 오신 날 행사가 끝났다. 노인은 여느 때처럼 할머니에게 가져다드린다며 과일과 떡, 과자 등 봉송물을 달라고 했다. 토닥토닥 금실이 좋게 살다가 한쪽이 먼저 돌아가시면 남은 이는 극심한 스트레스로 치매가 오거나 우울증이 오는 노부부를 많이 보아 온 터였다. 조금 당황스럽긴 했으나 모르는 척했다.

그녀는 어느 해부턴가 무릎이 아파서 절에 오를 수가 없었다. 그때마다 할머니가 좋아했던 떡이며 과자, 과일을 꼭 가지고 갔다. 그러나 오늘은… 계시지 않은 고인을 위해 챙겼다.

노인은 장례를 치른 후 할머니를 위한 밥상을 차린다고 한다. 아침마다 밥을 지어 고인만을 위한 소박한 제사상에 상식을 올린다고 한다. 열아홉에 층층시하 종갓집으로 가마 타고 와서 많은 식솔을 위해 한평생 밥을 지었고 상을 차렸다.

"49일만이라도 따듯한 밥을 지어 올리는 것이 예의가 아니겠습니까."라고 스님께 말했단다.

꽃을 좋아했던 그녀는 예쁜 꽃만 있으면 절에 심었다. 절 주변에 가득한 초롱꽃도 고인의 손길이다. 마당에 꽃을 심느라 쪼그리고 앉은 모습은 나이 많은 할머니라기보다는 초롱꽃을 닮은 소녀 같았다. 노인은 바가지로 물을 연신 떠다 날랐다. 꽃말처럼 충실, 성실하게 부부의 연을 맺었던 고인이 된 아내에게 밥을 지어 올리는 팔십 중반의 노인. 부모님의 위패 앞에 '어머님 아버님 소생 용돈 드립니다. 황OO.'라고 돌아가신 부모님께 안부를 전하는 종갓집의 무게와 세월이 가져다준 노쇠한 육신의 노인.

보기 쉽지 않은 모습이다. 부부가 같이 살면서 다툼도 많고 이혼들도 많이 한다. 성격 차이라든가 경제적인 문제, 외도의 문제 등 이유도 삶의 번민만큼이나 다양하다.

코로나19로 제한된 거리 이동, 공간의 제약 등으로 가족이 함께 집에 있어야 하는 시간이 많아졌다. 가정폭력이 늘었고 이혼도 많아졌다는 언론의 보도도 있다.

환경이 변하니 살아가는 일도 고정되어 불변하는 것은 아닐 것이다. 사람의 관계도 시대에 따라 많이 변했고 우리의 일상이 달라지는 것도 당연하다. 장자는 성실한 행동이 겉으로 나타나 질서를 따르는 것이 예법이라 했다. 그래서 인연에 대한 예의를 소중하게 여기는 노인의 모습이 초롱꽃의 고개 숙임 같아 보기 좋다.

타박타박 무겁지도 가볍지도 않게 산에서 내려가는 노인의 발길 주변에 초롱꽃이 가득했다. 꽃을 뒤로하고 내려가는 어깨가 익어 가는 나무들과 잘 어우러진다. 여든을 훌쩍 넘긴 노인이 편안하다.

방산굴 비룡 스님

월정사 방산굴 주위를 어슬렁거리고 있었다. 감자밭에서 김을 매는 스님이 보였다.

"스님, 안녕하세요."

여름이 가까울 무렵이라 무성해진 감자 잎 포기에 묻혀 있던 얼굴을 들어 환하게 웃어 주셨다. 아이를 남편에게 맡기고 살금살금 조심해서 밭으로 들어갔다. 김매는 것을 도와드린다는 거였지만 그건 핑계였다. 수행으로 살아가는 스님들의 맑은 소리를 들을 기회를 놓칠 수는 없었다.

  스쳐 지나가듯이 던지는 짧은 한마디에 우주가 들어 있을 수도 있다. 지금 당장은 모르지만, 세월이 지나면 소중함을 알게 되는 것들이 있다. 스님은 풀을 뽑는다기보다는 한 포기 한 포기를 어루만진다는 게 맞을 것 같았다. 잎사귀에 파묻힌 채 그렇게 한동안 풀을 찾았다. 밭둑에서는 굴러떨어질세라 연신 아이를 붙잡는 남편과, 아빠를 뿌리치고 뒤뚱거리며 밭으로 들어오기 위해 흙바닥에 배를 깔고 납작 엎드려 다리를 뒤로 내뻗는 아이가 분주하다.

"저 아이 잘 키워. 스무 살이 넘을 때쯤이면 사람과 동물이 접촉해서 생기는 새로운 병들 때문에 많은 사람이 죽을 거야. 저 아이들이 살아갈 수 있도록 자연을 잘 지켜야 하는데 인류가 파괴한 환경 문제가 심각해져서 생기는 병이고 먹거리에도 문제가 생길 거야. 자연재해로 죽는 줄도 모르고 갑자기 죽는 사람들이 많아서 OO들의 문제도 생길 테고. 그러니까 저 아이는 지금부터 감자나 고구마, 도토리 같은 음식들을 골고루 먹이도록 해야 해. 섭생만 잘하면 120살도 살 수 있는 시대가 올 거여."

  120살이라니. 1990년대 초만 해도 팔십 구십은 몰라도 120살

산다는 것은 뜬구름 잡는 소리 같았다. 바이러스의 무서움에 대해서도 전혀 모르고 있었다. 사실 그때 우린 스님의 혜안을 몰랐다. 지필묵으로 써주었던 '옴마니반메훔' 진언도 책장 서랍에 넣어 놓고 잊고 있었다. 시간이 많이 지난 뒤에야 우리가 만났던 월정사 조실이었던 방산굴의 비룡 스님이 도인이라는 것을 알았다.

2002년 사스(중증급성호흡기증후군)가 발병했다. 중국 광둥성에서 팔리는 다양한 동물 중 하나인 사향고양이에서 바이러스가 나왔다고 한다. 사스가 인류를 위협하는 바이러스의 출현 중 하나라는 것은 상상도 못 하고, 지나가는 감기 같은 거겠거니 했다.

그리고 2009년도에는 신종플루가 등장했다. 돼지에서 유래한 A형 인플루엔자 바이러스가 변이를 일으켰다. 스님이 손으로 가리키던 아이가 중학생이 되었다. 등교가 늦어 허둥대는 녀석과 같은 학교에 다니는 친구를 승용차에 태웠다. 친구 녀석이 기침을 콜록콜록 했다. 신종플루로 등교를 못 하는 학생들이 늘어나고 있던 터라 긴장했다. 병원에 가보는 게 어떻겠냐고 묻자 기관지가 약해서 환절기만 되면 기침을 한단다. 학교를 다녀온 아들은 같은 반에 자신의 앞, 뒤, 옆 모두가 신종플루로 결석했는데 저 혼자만

괜찮다고 한다. 차에 탔던 친구도 신종플루인 것은 당연했다. 나는 폭삭 망했다고 했지만, 다행히 별 탈 없이 지나갔다. 이때서야 우리가 바이러스에서 자유롭지 못하다는 것을 알게 되었고 '스님이 말씀하신 게 뭐지!'라며 놀랐다.

2012년 사우디아라비아에서 발견된 뒤 중동지역에 많은 환자가 나왔던 메르스(중동호흡기증후군). 우리나라에서는 2015년에 처음 발견된 메르스 또한 우리 부부를 많이 놀라게 했다. 남편은 산중에서 수행만 하는 분들이 세상의 일을 어떻게 아는지 신기해했다.

1901년 개성에서 태어난 스님은 청년 시절 도교, 천도교 등에 관심을 가졌다. 나라가 어려운 시기에 태어나 민족의 독립을 위해 신통술에 관심이 많았다고 한다.

비룡 스님은 강원도 인제의 한 사찰에서 한암 스님의 법문을 듣고 스님한테 달려갔다. 그 시절 비룡 스님은 도교에 심취해 있었고, 도교 책을 한암 스님께 보여 드렸다. 한암 스님은 그런 것 모른다며 무無 자 화두를 일러 주었다고 한다. 득도한 후에 "도교는 죽지 않고 오래 사는 것이 목적이지만 불교는 생사를 벗어나 대자유인이 될 수 있다는 점에서 가장 큰 도다. 8만 진언, 1천 7

백 공안이 둘이 아닌 하나이고 마음만 밝으면 어떤 문제도 해결된다."라고 하셨다. 또한 "과학도 철학도 일념一念만 있으면 어떤 문제든지 해결이 되고 마음만 밝으면 과학도 철학도 큰 진보를 이룰 수 있다. 작은 발견은 지식으로 되지만 큰 발견은 마음이 밝아져야 한다."라고 설했다.

2000년 1월 28일, 세수 100세 승랍 74세의 비룡 스님이 열반했다. 스님이 바이러스 이름을 명명하진 않았지만 사스, 신종플루, 메르스, 코로나19가 21세기에 우리를 놀라게 한 바이러스다. 또한 100세 시대를 향하고 있다. 우리의 소중한 먹거리 감자밭에서 비룡 스님이 넌지시 건네주신 소중한 법문을 지나쳐 후회막급하다. 그때 알았더라면 스님을 조금 더 귀찮게 했을 텐데. 의상 조사가 지은 「법성게法性偈」에 "우보익생만허공宇寶益生滿虛空 중생수기득이익衆生隨器得利益"이라는 글귀가 있다. 훌륭한 스승이 진리를 가르친다 해도 제자가 알아듣지 못하면 아무런 소용이 없다는 것을 절실히 알게 되었다.

2019년 12월에 중국 후베이성 우한시에서 시작한 인류의 대재앙 코로나 팬데믹은 아직도 진행 중이다. 인류는 팬데믹을 극복할 수 있을 거라고 한다. 현재 우리에게 온 재앙의 극복도 중요하다.

그러나 더 중요한 것은 비룡 스님의 혜안처럼 재앙을 극복하는 작은 발견의 지식보다는 밝은 마음이다. 그래야 자연과 호모 사피엔스라는 인류가 상생해서 지구별에 밝음이 찾아오지 않을까.

2022년 겨울이다. 스님이 가리키던 그 아이랑 제주도 천황사에 모셔진 스님의 영정을 만나러 가서 공손히 절을 했다. 그리고 스님이 옳았습니다. 진즉 재앙을 극복하는 노력보다는 마음이 밝아지도록 노력해야 했습니다.

통천문

고향을 지키는 월악산 보덕암 쪽으로 기괴한 바위들과 충주호를 파노라마처럼 펼쳐볼 수 있는 즐거움이 있다. 바위에서 쏟아져 나오는 기운으로 힘을 얻고, 충주호의 순하디 순한 물에 눈망울을 담그며 하봉을 지날 때쯤 통천문이 있다. 절벽에 커다란 바위가 양쪽에 서 있고 그 위에 넓적한 바위가 얹혀 있다. 심하게 가파른 곳이라 가까이 다가가기엔 위험하지만, 인적이 드문 곳이라 버거운 숨을 내려놓기에 좋은 곳이다. 누군가가 통천문이라고 이름을 붙였다.

힘겹게 오르다 허리를 펴고 숨을 고를 때 눈에 들어오는 길쭉한 사각 틀이다. 조심스럽게 발을 디뎌 가까스로 다가가면 반대쪽은 낭떠러지다. 묘한 게 문을 통해서 보이는 구름과 하늘 아래에 보이는 산이 그렇게 아름다울 수가 없다. 사각 틀 안으로 쏘옥 들어온 풍경화랄까.

나는 늘 그렇게 인생의 다양한 문을 통해서 경계境界에 서게 된다. 일상에서 부딪치는 것 중에서 이쪽과 저쪽의 경계에서 판단하거나 행동해야 할 때가 많다.

좋다 싫다는 감정이 양극을 만드는 것, 나쁜 감정으로부터 올라오는 분노. 나와 타인과의 다른 의견으로 시시비비를 분별해야 할 때 판단의 오류를 범하지 않아야 한다. 이럴 때 나를 인식하는 것으로부터 나의 참가치를 알 수 있다. 누군가가 나에게 붙여 준 이름이 나의 존재와 같지는 않다. 그들이 말하는 것이 참나는 아니다. 그들은 내가 이름을 바꾸면 바뀐 이름을 부를 것이다.

안락과 위험이 공존하는 순간에도 나의 경계는 진실로부터 나를 지키는 것이다. 그래서 고르지 못한 숨을 내려놓아야 한다.

내가 처한 번뇌에 따라 수많은 경계를 넘나든다. 경계는 잠시 한순간일 수도 있고 오늘과 내일이거나 현재와 미래가 될 수도 있고 과거의 나일 수도 있다.

  석수장이가 바위에 나무를 박아 쪼갤 수 있는 것은 틈이 있기 때문이다. 아주 단단한 바위에도 이렇게 보이지 않는 틈이 있다. 단단해서 더욱더 오래가는 틈이다. 때때로 완벽에서 벗어나 인간적인 틈을 만들어야 경계에 덜 부딪칠지도 모른다. 경계가 자유자재하고 무엇이라도 받아들일 틈이 있다는 건 순수함이다. 틈과 틀을 벗어난 아기 같은 순수함은 경계에 얽매이지 않는다. 자신이 만든 틀에도 갇히지 않는다.

  통천문 놀이에 마냥 빠져 있는데 중봉 쪽에서 내려오는 등산객의 놀라는 소리에 정신을 차려 보니 고향 친구였다.

  놀랍기도 하고 반갑기도 해서 "산 중턱에서 친구를 만날 수도 있구나."

"너를 보고 나도 놀랐어."

"몇 시에 올랐길래 벌써 내려오니?"

"새벽에 올랐지."

  등산 전문가답게 산에 오를 때는 30분에 한 번은 물이라도 한 모금 마셔야 한다며 참외를 깎았다. 슴슴한 참외를 나눠 먹으며 자연스럽게 고향 이야기를 했다. 우리들의 이야기라야 소풍으로 오르내리던 일이 고작이다. 소풍에서 집으로 올 때 짓궂은 친구들은 산길 양옆에 무성한 풀들을 이어 묶어 놓았고 내달리던 친구들은 걸려 넘어져서 무릎을 다치기도 했다. 우리에겐 추억을 공유하는 월악산이지만 부모님이 겪은 산은 참으로 험난하다.

산의 아름다움과 반가움에 취한 우리 마음에 경계가 무너졌고 틈이 생겼다. 친구는 엄마에게 들은 이야기를 저쪽 골짜기에서 불어오는 찬 바람처럼 풀어놓았다.

타지에서 공부만 하느라 장가도 못 간 시동생이 어찌 된 일로 산에서 지냈다. 엄마는 밤이면 그들이 먹을 것을 찾아 몰래 마을로 내려온다는 것을 알았다. 저녁밥을 넉넉하게 지었다. 대가족이 저녁을 먹은 후에 남은 음식을 모아 부엌 가마솥에 성성껏 넣어 두었다. 밥이 없어지면 시동생이 다녀간 걸로 알았고 솥 안에 차갑게 식어 있으면 밥이 없어지는 날까지 불안한 날의 연속이었다.

먹을 게 궁하던 때였지만 며느리가 저녁밥을 넉넉하게 지어도 어른들은 어떤 말도 하지 않았다. 오히려 두 분은 속이 불편하다며 식사를 반도 안 하고 숟가락을 놓았다. 할아버지가 새벽에 목이 탄다며 마당으로 나선 날은 밥솥에 음식이 남아 있는 날이었다.

우리는 바위에 걸터앉아 월악산 영봉을 묵묵히 바라보았다. 땀이 식었는지 몸에 한기가 났다.

누구에게도 말하면 안 되는 일이었다. 삼촌이 어떻게 되었는지 아무도 몰랐고 알려고 할 수도 없었다. 그래서 삼촌에 관한 일은 집안의 금기어였다고 한다. 할머니 할아버지, 아버지가 돌아가실 때까지 삼촌의 이야기를 안 했다고 한다.

아흔을 훌쩍 넘긴 노모는 아침마다 무슨 소식이라도 찾듯이 두세 개의 신문을 샅샅이 읽는다고 한다. 고된 농사와 시어른, 자식들, 역사까지도 질곡의 삶을 살았던 몸은 심하게 아파서 엉덩이를 끌고 다니며 방을 청소하지만, 자식들이 모시려 해도 한사코 고향 집을 떠나지 않는다고 해서 걱정이 많단다.

통천문을 통해 보이는 저쪽 하늘의 구름은 맑기만 하다. 어리석지만, 내가 그 시절에 청춘을 보내야 했다면 어느 쪽, 어느 곳, 어느 방향을 바라보았을까.

나는 영봉을 향해서 오르고 친구는 하봉 쪽으로 내려갔다. 한 사람은 올라야 하고 또 다른 한 사람은 내려가야 한다. 그렇게 자신이 가던 길을 계속 걸어야 한다. 산 중턱에서의 만남이 반가웠지만, 마냥 앉아서 이야기할 수 없는 것 그것 또한 지금의 현실

4부 그곳에 희망이 있습니다

이고 얽매이지 않음이다.

  내가 참숨의 가치를 확인하는 통천문을 사람들은 하늘로 통하는 문이라고 한다. 그러나 나는 무엇에도 얽매이지 않는 소통의 문으로 하고 싶다. 신비로운 사계절을 담고 하늘로 통하는 통천문도 아름답지만, 가슴에 담아 두고 꺼내지 못할 아픔이 없고 참나를 덧대지 않아서 두렵지 않은 그런 문이었으면 좋겠다.

경허의 호열자

2020년에 1879년 여름으로 간다. 계룡산 동학사에서 경전에 막힘없는 대강사代講師로 이름을 떨치던 구척장신의 젊은 경허鏡虛(1849~1912) 스님이 경기도 안양 근교의 청계사로 향하고 있었다. 청계사에 계신 계허 스승이 환속해서 대목수로 있다는 걸 알면서도 그는 스승을 보기 위해 길을 떠났다. 천안쯤 도착했을 때 날은 저물기 시작했고 그를 집어삼킬 기세로 비바람이 몰아쳐 한 발자국도 내딛기 어려웠다. 비를 피해 어느 초가집의 처마 끝에 새가 날개 접듯이 몸을 맡겼다. 사방이 어두워지기 시작하고 장대비가 쏟아졌다. 앞집에서 송장을 업고 나오는 남자를 만났다. 경허를 본 그는 혀를 차며 호열자가 돌아 사람이 다 죽어 나가는 판인데 뭣하러 이 마을에 들어왔느냐며 당신도 살아서 나가기 어렵겠다며 혀를 끌끌 찼다.

비를 피하느라 미처 주위를 살필 겨를이 없었던 경허는 마을이 죽은 듯 흉흉하다는 걸 알았다. 그는 세찬 비바람 속에 두려움과 공포에 질린 초라한 모습으로 마을을 벗어났다. 혼비백산하여 그곳을 어떻게 벗어났는지도 모른 채 비를 피할 수 있는 나무 아래서 한숨을 돌리고 나니 온몸에는 땀이 흐르고 오한이 났다. 이제 자신도 몹쓸 전염병이 옮아 죽음의 그림자가 자신을 향해서 오고 있다는 공포에 떨었다.

그는 청계사로 가던 걸음을 동학사로 돌려 자신이 가르치던 제자들을 다 흩어 버리고 방문을 굳게 닫아걸었다. 호열자에 걸리면 죽을 수도 있다는 두려움, 호열자에 걸려 죽어 나가는 송장과 다를 바 없는 육체, 살고 죽는 문제도 수습할 줄 모르면서 자신이 가르치던 경전은 교리문자敎理文子에 불과했다는 걸 깨달았다. 많은 경전을 읽었고 뜻을 이해했고 후학들에게 8년 가까이 가르쳤던 그였다. 살고 싶으면 어서 마을을 떠나라는 남자의 말에 그가 알았다고 여겼던 생과 사는 오간 데 없고 허겁지겁 마을을 떠났다.

여사미거 마사도래驢事未去 馬事到來
나귀의 일이 끝나지 않았는데 말의 일이 닥쳐왔다.

경허는 이 화두로 석 달 동안 죽은 송장처럼 참구參究했다. 7월에 시작됐으니 석 달이 지나자 산중에는 겨울이 왔다.

이때 경허의 시중을 들던 행자는 마을 이 진사의 아들이었다. 흥선 대원군의 서원 철폐로 몰락한 양반들이 지방으로 많이 내려와 있었는데 이 진사도 그런 몰락한 양반이었다. 아들에게 유가의 학문보다 불문에 들여 행자 수업을 하게 했다. 나이 어린 행자의 눈에 경허는 움직이지 않는 바위와 같았다.

하루는 동학사 스님들이 탁발을 나가게 되었다. 이 진사의 아들 동은도 대중 스님과 탁발을 나가 아버지의 집에 들렀다. 이 진사와 함께 갔던 학명 스님과 이런저런 이야기를 주고받으며 저녁 한때를 보내던 중이었다. 중노릇 잘못하면 죽어서 소가 된다는 이 진사의 말에 학명 스님은 어찌하면 소가 되지 않는지를 물었다.

4부 그곳에 희망이 있습니다

그러자 그는 죽어서 소가 되어도 고삐 뚫을 구멍이 없는 소가 되면 되지 않겠냐고 답했다. 그 뜻을 알 수 없었던 학명은 경허를 모시는 동은에게 고삐 뚫을 구멍이 없는 소의 뜻을 경허에게 물으라 한다.

동은이 경허에게 소가 되어도 고삐 뚫을 구멍이 없다는 소리가 무엇이냐고 물었다. 바로 그 순간 경허는 활연대오豁然大悟, 물아物我가 공空한 도리를 알게 되었다. 육신을 초탈하여 작은 일에 걸리지 않고 마음대로 자재하여 대자유를 깨달았다. 경허는 이 순간을 이렇게 오도송으로 읊었다.

> 홀연히 사람에게서 고삐 뚫을 구멍이 없다는 말을 듣고
> 문득 깨닫고 보니 삼천 대천 세계가 다 내 집이로구나.

2020년 경자년의 봄이다. 새해에 들어서면서부터 코로나19 바이러스 때문에 경허의 호열자가 머릿속에서 떠나지 않았다. 우리가 사는 동안 나귀의 일도 해결하지 못했는데 말의 일이 닥쳐오는 것이 얼마나 많은가.

경허를 쫓아 충남 서산에 있는 연암산의 천장암에 갔다. 경허가 피했던 장맛비는 아니지만, 봄비가 마른 땅에 푸석푸석 소리를

낸다. 개나리가 비를 맞고 희망이라는 노란 소리를 낸다. 제비꽃이 무더기로 피었다. 대웅전 앞 화단에 자기 사랑이, 자존감이 생명이라는 노란 수선화가 새초롬하다. 봄의 울타리들 말고는 절집에서 사람을 만나기 어렵다. 지난가을에 찾았을 때는 커다란 고무대야에 도토리 가루 걸러 내는 일을 물가에서 거들고 있던 스님을 만났다. 어느 해에는 녹차를 마시면서 담소도 나눴다. 오늘은 산중의 정적만이 봄놀이의 벗이 되어 주었다. 수선화를 닮은 동행한 벗들도 함구하고 산새들도 함구했다. 묵중한 침묵으로 닫혀 있던 경허가 수행하던 방문을 열었다.

  경허의 방圓成門을 열고 들어가 영전에 삼배의 예를 갖추고 좌복에 앉았다. 방은 내가 두 팔을 벌릴 수 없을 정도로 작다. 이 작은 공간에서 광기처럼 깨어 있던 경허의 힘을 조금이라도 느껴 보려고 안간힘을 쓴다. 경허의 방에는 경허밖에 없다. 불전함도 없고 향을 피울 수 있는 것도 아니다. 그런데 만 원짜리 석 장이 한쪽 가장자리에 가지런히 놓여 있다. 누군가가 다녀가면서 전쟁 아닌 전쟁이 종식되기를 기원하며 놓았을까. 나도 주머니에서 만 원짜리 한 장을 꺼내 같은 기원을 해본다. 만 원짜리 한 장으로 코로나의 번뇌를 놓고 가는 것 같아 뒤가 부끄럽다.

4부 그곳에 희망이 있습니다

경허는 이곳에서 20여 년 가까이 머물렀다. 경허의 방 바로 옆에는 수월, 만공, 혜월 스님이 머물던 방이 있다. 이곳에서 차례로 경허의 제자가 되었다. 한암 스님도 제일 늦게 경허의 제자가 되었다.

경허가 두려움에 떨었던 호열자가 지나간 지 140여 년이 지났다. 전염병은 정복되었다고 믿었다. 그러나 코로나19가 생겼고 전파력이 너무 강해 사회적 거리두기, 물리적 거리두기 캠페인이 생겼다. 만남을 자제하고 각자의 공간에서 칩거하듯 생활을 해보니 더불어 사는 것이 얼마나 소중한 일인지 알게 되었다.

지금도 확진자는 계속 늘어나고 사망자도 늘고 있다. 의료 현장에서 봉사하는 의사들과 간호사들, 이름을 알 수 없는 많은 각 분야의 봉사자들은 아비규환의 보살들이다. 간절하면 통한다고 했으니 하루빨리 코로나가 멈추기를 소원하며 그들에게 두 손 모아 합장으로 존경을 표하고 싶다.

경허는 호열자로 죽어 나가는 사람들을 보고 자신이 벗어나지 못한 생사의 문제를 풀어 보고자 경전의 문자를 버리고 화두를 끌어안으며 백척간두에 선 몸부림 끝에 자유자재했다. 지금은 원성문 방문 앞에 기념비를 세우고 잔디도 깔아 놓았지만, 30여

년 전 처음 찾았을 때는 연암산에 제비집처럼 앉은 암자였다. 경허가 살던 시대의 천장암天藏庵을 상상해 본다. 천장암, 하늘 속에 감춘다는 명산에서 경허가 삼복더위에 방문을 열어 놓고 잠을 즐기던 어느 여름이었다.

만공 스님이 경허 스승의 잠자는 모습을 보고 기겁을 했다. 경허의 배 위에 시커먼 뱀이 걸쳐 있는 게 아닌가. 만공의 놀란 소리를 들은 스승은 "가만히 두어라, 놀다 가게." 어린 스님 월면(만공)도 경허라는 스승을 만났으니 도인이 된 것은 당연한 이치다. 이것이 호열자로 인해 깨달음을 얻은 후 근대 한국 불교사에서 선종의 중흥조로 불리며 자유자재했던 경허의 일이다. 이러한 경허가 함경도 갑산, 강계 지방을 돌며 남긴 선시 중에 이런 시가 있다.

세상과 청산은 어느 것이 옳은가.
봄볕이 이르는 곳에는 꽃피지 않는 곳이 없구나.

경자년 봄, 나의 일은 무엇일까. 운이 좋게도 만공의 제자였던 원담(수덕사 방장) 스님이 손수 써주신 경허의 열반게송涅槃偈頌이 내 방 한쪽 벽에 있었다. 뜻을 헤아리기 어려웠던 열반송이 2020년 경자년 봄 코로나19로 우울함에 시달리던 내게로 와서 나의 일이 되었다.

심월고원心月孤圓 마음 달 홀로 둥글어
광탄망상光吞萬像 그 빛 만상을 삼켰어라
광경구망光境俱亡 빛과 경계 다 공한데
부시하물復是何物 다시 이 무슨 물건이리오

조력자

　　시간은 흐르기만 하는 것이 아니라 머물기도 한다. 기억 속에서 정지된 시간은 가장 아름답거나 슬픔이다. 기억은 점점 사라지는데 나만 애타게 떠나보내고 맞이하기를 반복한다. 가볍게 떠난 여행에서 시간에 쫓겨 급하게 부는 강풍 같은 우연이 만든 기억도 그리될 것이다.

　이승복기념관을 찾은 것도 그랬다. 그곳을 가려고 작정했던 것은 아니었다. 방아다리 약수터에서 평창이 가깝기도 하고 굽이굽이 돌아가는 고개가 깊어 차를 몰았다.

1968년 강원도 울진 삼척 해상으로 침투한 120명의 무장 공비가 우리 군경과 예비군에 의해 사살되었다. 남은 5명이 북한으로 도주하는 과정에서 화전민으로 살던 이승복의 집으로 숨어들었고, "나는 공산당이 싫어요!"라는 한마디에 9살 소년은 무참하게 목숨을 잃었다.

반공교육을 철저히 받으며 자랐다. 해마다 돌아오던 6·25에는 반공 웅변대회, 반공 글짓기 등으로 소년 이승복을 기억했다. 지금은 초등학교로 바뀐 국민학교 때 웅변대회에서 학교 대표로 뽑혀 관내에서 꽤 좋은 성적을 받았다. 기분이 좋아진 부모님은 중국집에서 귀하고 맛있는 자장면을 사주셨다. 엄마는 지금도 부상으로 꽤 많은 돈을 탔는데 고작 자장면을 사달랬다고 한다. 혀끝에서 살살 녹았던 자장면은 그때 최고의 음식이었다. 운두령 고개에서 화전민으로 살던 이승복은 9살에 부모님과 함께 처참하게 사라졌다. 우리 고향에도 화전민 동무가 여럿 있었고 그들과 나는 이승복 소년을 기억하며 자랐다.

이승복의 성적표가 눈에 띄었다. 신체 건강하고 근면하다는 내용과 함께 '가사 조력으로 결석이 잦았음'이라고 쓰여 있었다.

내가 자란 곳도 골이 깊은 산촌이었다. 부모님이 화전민이었던 동무는 깊은 산에서 약초를 캐기도 했고, 봄이면 온갖 종류의 산나물, 가을에는 산에서 나는 버섯을 먹으며 자랐다. 나도 가난했고 친구들도 가난했다. 농번기가 되면 교실은 빈자리가 늘어났다. 가사 조력으로 학교에 오지 못하는 제자를 위해 담임 선생님이 가정방문을 하여 부모님을 설득했지만, 일손이 필요한 농부를 설득하기란 쉽지 않았다.

이승복과 나는 가사 조력이라는 단어 하나에 비슷한 또래의 동질감이 생겼다. 또랑또랑한 눈망울의 영정 앞에서 잠시 눈을 감았다. 소년의 성적표는 9살 초등학교 2학년에서 멈췄다.

참으로 오래된 이야기 같지만 그리 먼 이야기도 아니다. 소년보다 일곱 배 가까이 되는 세월을 보내고 또 오늘 하루를 더 살았다. 읽기 싫은 장편 소설 같은 인생을 살고 있다. 내가 쓰고 있는 소설에서는 내가 주인공이다. 현재를 얼마나 알고 있으며 주인공인 나의 삶을 어느 정도나 이해하며 쓰고 있을까. 소년에게는 미안하고 스스로에겐 불성실하고 지루한 소설 같은 성적표는 어떤 글들로 채워져서 언제쯤 결말이 날지 모른다.

수우미양가에서 수로만 채우려 하니 덧없는 욕심을 부린다.

성적표의 중간 성적인 미가 아름다울 미美라니, 그래! 아름다운 중간이라면 이제는 지루하거나 재미없어도 될 것 같다. 가사 조력, 이웃 조력, 사랑 조력, 배려 조력. 주연이 아닌 조력자라는 단어에서 횡설수설한 하루다.

다시 만나고 싶다

봄이 밖에서 오는 줄 알았다

그날 나는 아버님께 무언가를 드려야 할 것 같은 허전함으로 달려갔다. 주꾸미, 낙지, 굴, 뭐 이런 것을 좋아하는 팔순을 넘긴 노인. 주꾸미가 제철이라고 남편과 아이들이 맛있게 먹는 것을 보고 시골에 계시는 아버님 생각이 났다.

다 늦은 저녁에 서둘러 출발을 했으니 밤 10시가 넘어서 시댁에 도착했다. 대문 앞의 진돗개가 자동차 소리에 일어나 꼬리를 흔든다. 달빛 속에서 어머님, 아버님의 단잠을 지키는 진돌이를 향해 반갑게 인사를 했다. 멀리 떨어져 있는 자식들보다 두 분의 시름을 달래 주었을 녀석이다. 깊은 잠에 빠져서 자동차 소리도 듣지 못했는지 득달같이 달려 나왔을 아버님이 조용하다.

불 꺼진 마당 위의 봉당 댓돌 위에 아버님의 하얀 구두가 달빛에 반짝이고 있었다. 순간 왜 눈물이 났는지 모르겠다. 봄이 달려오는 공기는 차가움이 살갑기까지 했지만, 집에서 흐르는 말로 표현하기 어려운 기운과 신발이 너무나 외로워 보여서 한동안 그렇게 서 있었다.

하얀 구두, 우리가 아버님의 백구두라고 부르는 그 구두다. 서울에 있는 손자를 보러 다니러 오실 때나 읍내 가실 때면 당당히 신고 가셨던 백구두를 한 번도 관심 있게 본 적이 없다. 오늘에야 비로소 주인이 잠든 사이에 쉬는 조그마한 구두를 보니 앞코에 흠집이 난 신발이 고달파 보인다.

달빛은 무리무리 한가한데 오히려 아버님의 잠꼬대 같은 코 고는 소리가 고독한 늙은이의 독송 같다. 알싸한 그 느낌이 뭔지도 모른 채 그렇게 한참을 마당에서 배회했다.

댓돌에 놓여 있는 하얀 신발은 여든이 넘은 노인에게는 밖을 구경하기 위한 것이 아닌 당신의 피붙이를 기다리는 것이었을까.

5부 다시 만나고 싶다

다녀가라는 말 대신에 "다들 잘 있지?"로 마음을 표현했다. 다니러 내려간다고 전화하면 자전거를 타고 구판장에 가서 병맥주를 사다가 냉장고에 넣어 놓으셨다. 시댁에 도착해서 짐을 풀기가 급하게 시원한 맥주 한 잔 하라고 하시는 당신이다. 어머님은 며느리 핑계로 맥주 한 잔 하고 싶어 하시는 속마음을 탓하신다. 어머님 눈치 볼 것도 없이 급조한 안주로 상을 봐서 한 잔 따라 드리면 "너도 한 잔 해라. 오느라 고생 많이 했다." 이러시니 당신을 좋아할 수밖에 없다.

며느리는 한 수 더 뜬다. 아버님을 모시고 구판장으로 가서 아버님 친구분들한테 막걸리와 간단한 안주를 대접하면 아버님은 그날 기분 좋은 하루를 보내신다. 술값이라야 고작 일이만 원이면 넉넉하다.

담벼락에는 자전거가 비스듬히 서 있다. 아버님이 타고 동네를 돌았거나 구판장을 다니셨을 자전거가 주인을 잃어버렸다. 구판장에서 친구들과 술을 얼콰하게 마셔도 끄떡없이 타고 오던 자전거를 어느 해인가 넘어지면서부터다. 자전거가 힘에 부칠 정도로 세월이 지나 버린 거다. 자전거조차도 나이 든 노인에게는 편리한 수단이 아닌 위험한 물건이 되었다.

아버님과 이야기 나누는 것을 좋아한다. 세월의 흔적이 묻은 노인들에게서만 나는 향기 맡는 법을 즐긴다.

인기척에 깜짝 놀라신 두 분은 나를 보고 더 놀랐지만 이내 반가워서 내복 차림으로 나오셨다.

한소금 달게 주무시고 난 뒤라 잠이 달아난 아버님께 술상을 봐드렸다. 밤이니 주꾸미로 요리할 수는 없고 팔팔 끓는 물에 살짝 데쳐서 접시에 담고 초고추장을 냉장고에서 꺼내 그야말로 아주 간단한 술상을 봤다. 아버님은 며느리가 따라 주는 술을 달게 마시고 어머님은 안주만 축내신다. 급하게 겉옷을 걸친 소매 사이로 내복 끝자락이 삐죽 나왔다. 끝이 피어서 보푸라기가 일었다. 소매 끝자락에 해 묵어 찌든 때가 왠지 모를 죄송함에 안주를 입에 넣어 드렸다.

어머님, 아버님과 마주 앉아 손자들 이야기와 남편 흉을 본다. 그러면 아버님은 "나는 젊어서 너희 엄마한테 잘했어! 그런데 걔는 누구를 닮아서 그런다냐."

어머님과 나는 눈을 마주치며 킥킥거리고 웃는다. 내가 오죽하면 "어머님! 이제 아버님한테 쿠데타 좀 일으키세요. 아버님 술 많이 취하신 날 어머님도 술 드시고 한 번만 술 취한 척하시면 아버님이 놀랄걸요."라고 부추겼지만, 아버님이 눈만 부라려도 무섭다는 어머님이다. 호랑이띠인 아버님과 토끼띠인 어머님의 피할 수 없는 운명이려니 생각하신다. 평생을 그야말로 호랑이가 무서워 찍소리 한 번 못 하고 토끼 가슴을 하고 사신 분이다. 어머님과 아버님 두 분이 사는 법이다.

유대인에게 전해 오는 가슴을 울리는 이야기가 있다. 랍비의 제자가 "옛날에는 하느님을 만난 사람이 있었습니다. 그런데 오늘날에는 왜 그러하지 못합니까?"

랍비가 대답했다.

"오늘날에는 하느님을 만날 정도로 허리를 깊이 굽힐 줄 아는 사람을 더는 만나기 어렵기 때문이다."

흙과 세월에 익어 저절로 허리를 굽힐 줄 아는 나이 든 어른들이 지혜, 그 속에 잠깐씩 나를 가두고 그들이 산 시간을 만나 보는 강물 같은 이야기. 흘러도 흘러도 끝이 보이지 않는 물속을 들여다보듯이 그분들을 들여다보면 영혼까지는 아니더라도 쉼 없는 삶이 있다.

그날 나는 시골집에서 뭔지 모르는 슬픔으로 눈물을 찔끔거렸다. 거꾸로 뒤집어 놓은 양말을 정리하면서 80이 넘은 아버님의 코 고는 소리를 정겹게 계속 들을 수 있을 거로 생각했었다. 그러나 그날 이후 뒤집어 벗어 놓은 양말도 볼 수 없고 내복은 결국 사다 드리지 못했다.

산동백을 닮은 아줌마

마음속에 아름다운 사람을 간직하고 있는 것은 행복이다. 아름다운 사람을 기억하는 것. 가끔 꺼내서 행복을 만들고 그리고 다시 아주 오래된 와인 창고 같은 곳에 넣었다가 가슴을 축이고 싶을 때 꺼내서 오감 중에 아무거나 하나로 즐겨도 기쁘다.

몇 명의 향기 나는 사람을 만날 기회가 있었다. 단 한 번의 스쳐 가는 만남이었을 뿐인데 지금까지 기억되는 사람이 있고,

늘 내 곁에 있으면서 말없이 나에게 행복을 주는 이도 있다. 내 얼굴이 보기 싫을 때가 있다. 내가 낯선 사람이 되어 거울 속에 있을 때다. 별의별 화장법이 생기고 성형수술 발달하면 무엇 하랴. 얼굴은 심상이 고스란히 드러나는 까닭에 표정까지 감출 수는 없는 것이다. 이런 날이면 생각나는 사람들을 만난다.

고향에 성당이 있었다. 성당 외부에 십자가도 없는 작은 목조 건물이었다. 성당이라기보다는 나지막한 언덕 위 햇볕 잘 드는 양지바른 곳에 있는 조그만 통나무집처럼 보였다. 덩그러니 서 있던 건물에 사람이 들고나는 것을 본 적이 없었다. 그곳에 사람이 살고 있다는 것을 알게 된 것은 초등학교 5학년 때였다. 학교를 오가면서 성당에 대한 궁금증은 늘 가지고 있었지만, 그 낮은 언덕을 올라 보진 못했다.

언덕을 처음 올랐던 그날의 추억이 지금도 엊그제 일처럼 생생하다. 학교 점심시간에 집에 가서 그동안 필기한 국어 공책을 가져오라는 선생님의 심부름으로 급하게 뛰어가고 있었다. 맞은편에서 경찰관이 탄 오토바이가 오고 있었다. 서로 피하려다 같은 방향으로 피하는 바람에 오토바이와 내가 부딪쳤다.

어릴 때 시골의 신작로는 자갈길이라 넘어지면 낭패였다. 살짝만 넘어져도 무릎에서 피가 났다. 개구쟁이 친구들은 등하굣길에 제법 큰 돌을 골라 발로 차서 앞에 가는 여학생을 맞추는 장난을 하던 그런 길이었다. 부딪쳐서 넘어진 나는 심하게 다친 것은 아니었지만 무릎에서 피가 났다. 당황한 경찰관은 하나밖에 없던 의원으로 데리고 갔다. 의사는 무릎의 피를 닦고 빨간 약으로 소독하면서 아버지 성함을 물었다. 아버지 이름을 말하자 의사는 첩첩산중에 첫 근무지로 온 경찰관을 골탕 먹이기 위해서 짓궂은 장난을 했다.

"그 양반 면내에서 무섭기로 소문난 사람인데 그 집 따님을 다치게 했으니 큰일 났다."

이렇게 해서 아름다운 여인이 사는 성당을 가게 되었다. 겁먹은 경찰관은 나를 오토바이에 태워 집으로 데리고 가는 대신 성당으로 갔다. 오토바이 소리가 나자 조그만 건물에서 삐걱 소리를 내며 나무 문을 열고 여인이 나왔다. 빛바랜 소박한 문에서 살포시 걸어 나왔다. 화장기 없는 백색 얼굴에 산동백 같은 고운 미소를 머금고 흰 블라우스에 검정 플레어스커트를 입은 여인의 모습에 나는 넋을 잃었다. 세상에는 이렇게 단정하면서 아름다운 여인도 있었다. 경찰관은 그 여인에게 지금까지 있었던 일들을 설명하고 다시 언덕을 내려가 경찰서로 향했다.

하늘에서 금방 내려온 천사 같은 그녀가 나왔던 문을 열었다. 성당 중앙에 나무로 엮어 만든 십자가가 걸려 있고 바닥에는 긴 나무 의자가 세 개 정도 있었다. 성호를 긋고 기도를 하였다. 기도가 끝나자 여인은 내 손을 꼭 잡았다. 잔잔하게 미소 띤 얼굴로 나에게 물었다.

"내가 누구 같아?"

그때까지 나는 수녀님을 한 번도 본 적이 없었다. 동화책에서 본 수녀님이 그 여인을 닮았을 것 같았다.

"수녀님….”

"틀렸는걸, 경찰관 아저씨 아줌마야.”

'아줌마….'라고 속으로 되새겼다.

스스로를 아줌마라 칭하면서 그렇게 평화스러운 얼굴을 하는 여인을 아직까지 만나지 못했다. 학교가 끝나고 성당 앞을 지날 때쯤 신작로에서 기다리고 있던 모습. 나를 데리고 성당으로 올라가서 무릎을 소독하고 약을 발라 주던 손길. 그녀는 세상에서 가장 아름다운 수녀님 같은 여인으로 내 마음속에 저장되었다. 호랑이 아버지도 나를 데리고 집으로 찾아간 그녀에게 화를 내지 못한 것은 당연했다.

　우리는 누구나 젊음을 자랑하던 아름다운 신부에서 아이를 낳아 기르는 아줌마가 된다. 그러면서 성숙한 여인이 되기도 하고, 거울 속의 나처럼 울 엄마가 예전엔 안 그랬는데 점점 말 많은 푼수 아줌마가 되어 간다는 말을 듣기도 한다. 산동백을 닮았던 그 여인의 미소를 잊지 못하듯 누군가는 나를 포근한 아줌마로 기억했으면 좋겠다.

냉동고가 밖으로 나왔다

냉동실 대청소를 했다. 문을 열 때마다 얼굴에 퍼졌던 냉기는 '저 안에 있는 것들을 정리도 하고 무엇이 들어 있나 확인도 해야 하는데.' 하는 부담감을 주며 살림 잘하는 손윗동서의 잔소리로 들려 개운치 않은 마음으로 문을 닫곤 했다.

오늘은 고추당초 매운 홀시어머니가 금슬 좋은 아들 내외 방문 낚아채듯 냉동실 문을 열어젖혔다. 안에 들어 있는 모양들은 처음 들어갈 때도 아름다운 자태는 아니었을 거다. 시골에서 묻혀 온

피곤과 짜증, 얄미운 남편 쫓아내듯이 밀어 넣었을 거다. 좁은 공간에서 몸을 비비며 버텨 온 애환이 역력했다. 흥부네 아이들의 문밖으로 삐져나온 다리들도 이보다 흉할 것 같지는 않다. 바람난 서방의 심술처럼 한쪽 귀퉁이가 이리 삐죽 저리 삐죽 나온 것, 살림살이 한스러워 거울도 못 보는 시골 아낙네 닮은 것, 임신한 새새댁 수줍은 얼굴처럼 펑퍼짐한 모습. 그 들어 있는 모양이 정신 사납다.

어느 것을 먼저 꺼낼까 망설여진다. 하나만 잘못 건드리면 여름철 장대비처럼 후드득 바닥에 나뒹굴 차림새다. 맨 앞에 있는 비교적 손끝이 부드럽게 닿는 검정 비닐봉지를 잡았다. 펼쳐 보니 고춧가루였다. 친정에서 태양초라며 보내 준 이것을 놔두고 지난주 아파트 알뜰장에서 새로 샀다. 마른 고추를 다듬으며 매운 냄새 때문에 재채기를 연신 했을 엄마가 생각난다. 참깨, 두릅 삶은 것, 날콩가루, 아껴 먹으려고 넣어 두었던 송이, 인절미, 찹쌀가루, 몇 년 전 홍화紅花 씨앗이 관절에 좋다고 유행할 때 친정에서 지었던 홍화 가루.

이삼 년 전에 힘에 부쳐 더는 농사를 못 지으시겠다며 마지막 지은 구기자를 듬뿍 주셨다. 그 구기자가 아직도 빨간 모습으로 보기 좋게 있다. 시어머니는 그간 더 늙으셨다. 워낙 말씀이 없으신 분인데, 세월이 아깝다며 평생을 힘없이 바라본 아버님의 호탕한 방랑벽을 지금도 버리지 않았다고 역정을 내신다. 역정 내실 때 아버님을 향한 얼굴빛이 냉동실에서 나온 구기자의 빨간색과 같다.

냉동실에 많이도 들어 있다. 강원도로 시집간 친구가 보내 준 오징어, 김, 쥐치포. 봉지 하나가 단단하게 쌓여 우람한 모양을 하고 있어서 무얼까 하는 호기심으로 열어 보니 옥수수였다. 지난 가을 친정에서 엄청나게 많이 가지고 왔었다.

아파트 주차장에 앉아 관리원 아저씨와 껍질을 벗겨서 반가운 주민이 지나갈 때마다 몇 자루씩 주었다. 그것들을 받아 들고 즐거워하던 사람들의 표정이 생각난다. 옥수수는 가족들 모두가 좋아하는 거라서 몇 자루 남겨 만원 버스에 몸 밀어 넣듯 챙겨 놓았었다. 겨우내 냉동실에서 주인의 손길을 기다렸던 모양이다. 온몸에 하얀 성에가 가득하다.

살림도 눈길을 주고 어루만져 살갑게 해야 하는데 그렇지 못하다. 그래도 오늘은, 이른 봄 옥수수를 신기하게 여기며 맛있게 먹을 가족들의 주전부리 건진 것을 냉동실 청소의 위안으로 삼았다. 옥수수자루에 얼어 있는 차가운 얼음을 보며 나의 겨울이 어땠는지 생각해 보았으나, 특별한 기억도 없는 겨울을 난 것 같다. 싱크대에서 바로 보이는 솜털 부숭부숭한 목련을 보면서 눈을 맞추고 봄을 기다린 것이 전부다.

시골의 일 년 농사가 우리 집 식탁 위에서 나를 꾸짖고 있다. 양가의 어른들은 당신들의 일 년 농사 모두가 우리 집 냉장고나 냉동실 심지어 베란다에도 가득 차야 한 해의 일을 갈무리한다. 그 끝은 언제나 추수한 벼를 탈곡하여 보내 주시는 햅쌀과 김장 김치이다.

당신들 얼굴에 주름은 더욱 깊어지고, 무 바람 들 듯 몸에서 빠져나가는 기운을 보는 것만으로도 시골 갔다 돌아오는 길에는 내 몸에서도 휑하니 무엇이 지나간다.

당신들은 할 일 없는 겨울 동안 무엇을 기다리는지 연락 없이 다니러 가도 대문에 우두커니 서 있다. 당신들이 살면서 기다림이 있기나 했었는지, 바람처럼 왔다가 잔 먼지만 남겨 놓고 떠나는 피붙이에게 속없이 퍼주는 그런 당신들이다.

꽁꽁 얼어 있는 옥수수를 빨리 달라고 졸라 대는 녀석들처럼 나도 그랬을 것이다. 기다리지 못하는 저 아이들. 아무리 매서운 동장군이 지나가도 두 눈 지그시 감고 있으면 살며시 다가오는 봄처럼 그렇게 가까이 있는 당신들의 뼈 깊은 사랑을 몰랐다.

냉동고에서 꺼낸 것들을 하나씩 정리했다. 안에 무엇이 들었는지 구별이 되지 않는 검은 봉지들을 다 떼어 내고 알아보기 쉬운 지퍼 백에 옮겨 담았다. 그것도 못 미더워 이름표까지 달아 주었다.

지금도 사그라지지 않는 욕심이 많다. 참 이상하기도 하다. 별의별 공상과 망상을 하면서도, 내가 늙는 것이 자연의 섭리인데도 할머니가 되었을 때는 없었다. 내가 무엇이 되었을 때라든가 아파트 몇 평으로 이사하는 것, 아이들은 어떻게 키워야 하겠다는 것은 생각했지만….

그러고 보니 내가 나이를 먹는 것을 생각하지 않았던 것처럼 기다릴 힘도 없어지는 당신들을 위한 망상도 해본 적이 없다. 이제 당신들께서 주신 것을 내가 돌려드려야 할 때이다.

나의 필적을 말한다
– 왼손잡이의 변명

　　　　　무 채썰기를 하는데 비 맞은 꽃잎처럼 볼썽사납다. 아무리 정성을 들여 곱게 썰어 보려 해도 헛칼질이다. 무나물을 만들려고 손바닥 크기만 한 무를 사다가 도마 위에 올려놓고 정성을 들여 보지만 칼질이 서툰 티를 감출 수가 없다.

　왼손잡이인 나의 부엌살림 살아가는 모양이다. 칼질이 서툴러 웬만한 건 가위로 해결한다. 김치 썰기, 파 썰기, 심지어 계란말이까지 가위로 할 때도 있다. 그런데도 손에는 온통 칼로 벤 자국이다.

주인을 잘못 만난 손이 고생한다.

  손은 초등학교 입학할 즘에 수난의 절정기였다. 입학 준비로 집에서 요즘 아이들이 깍두기공책이라고 부르는 네모난 공책에 한글 쓰기를 배우면서 손의 고행은 시작되었다. 집안의 어른이란 어른은 왼손잡이는 쌍놈들이나 쓰는 거라며 나를 훈계하기 시작했고 내가 고쳐질 기미가 보이지 않자 집안에서 제일 한가한 할아버지가 내 공포의 적이 되었다. 그렇지 않아도 무서운 할아버지 앞인데, 방바닥에 납작 엎드려 글씨 연습을 해야 했고 왼손으로 연필을 잡을 때마다 싸릿가지로 손등에 무차별 공격을 받아야 했다. 할아버지 앞이라 아파도 마음대로 울지 못하고 속으로 삼키며 작은 눈물방울들을 공책 위에 떨어트렸다. 공책에 번진 눈물로 얼룩이 생겼고 그래도 꿈쩍 않던 할아버지. 왼손잡이가 오른손으로 연필을 잡으려 하니 손에 힘이 주어지지 않는 데다가 잡는 요령도 생기지 않아서 자꾸만 손에서 빠져나가고 글씨는 엉망이 될 수밖에 없었다. 어쨌든 이렇게 해서 글씨만큼은 오른손으로 쓸 수 있게 되었다.

  왼손잡이가 쓰는 오른손 글씨. 나에게 '필적'이란 말은 언감생심이다. 대신 필적을 갖지 못한 변명을 풀어놓자면 끝이 없다.

시험 답안지에 멀쩡하게 쓴 답을 선생님은 알아보지 못해서 오답 처리되는 억울함. 반성문을 쓸 때 글씨에 성의가 없다고 다시, 또다시 쓰라는 말을 반복하는 선생님의 무서운 얼굴….

그래도 꼭 한 번 기분 좋은 '다시 글쓰기'를 한 적이 있다. 여고 때 백일장이 있어서 시를 냈는데 다음 날 문예부 선생님의 호출이 있었다. 선생님께서 하시는 말씀이 시는 좋은데 글씨가 엉망이라며 다시 정성껏 옮겨 쓰라고 했다. 상 받을 욕심에 꽤 오랜 시간 동안 공들여 원고지에 옮겨 적은 기분 좋은 기억도 있다. 그때 문예부 선생님이 아니었다면 그 상은 다른 친구에게 날아갔을 것이다.

집안의 어른들은 하나같이 양반과 쌍놈이라는 고정관념으로 나를 괴롭혔다. 그 왼손잡이의 뜻을 살펴보면 우리말에서는 오른손을 '바른손'이라 한다. 이것은 옳다, 바르다는 의미인데 왼손은 '외다', 즉 물건이 좌우가 뒤바뀌어 놓여서 쓰기에 불편하다, 마음이 꼬여 있다는 뜻으로 왼쪽을 뭔가 잘못된 것으로 인식하여 그것이 나한테까지 수난을 준 것이 아닌가 싶다. 하긴 나도 꼬이긴 했었다. 어른들이 보는 데서 배운 숟가락질과 글씨 쓰기만 빼고 나머진 몰래 왼손으로 했으니까.

기독교 전통에서도 오른쪽과 왼쪽의 개념을 묘사한 부분이 있는데 "그는 모든 민족을 자기 앞으로 불러 모아 목자가 양과 염소를 가르듯이 그들을 갈라서, 양은 그의 오른쪽에 염소는 그의 왼쪽에 세울 것이다. 그때 임금은 자기 오른쪽에 있는 사람들에게도 말할 것이다. 내 아버지께 복을 받은 사람들아, 와서 창세 때로부터 너희를 위하여 준비한 이 나라를 차지하여라. (…) 그때 또 왼쪽에 있는 사람들에게 말할 것이다. 저주받은 자들아, 내게서 떠나서 악마와 그 부하들을 가두려고 준비한 영원한 불 속으로 들어가거라"(마태복음 25:33~41). 성경에서도 오른쪽과 왼쪽을 이렇게 양극으로 가르고 있다.

세계 인구의 10%가 왼손잡이라고 한다. 그래서 세상은 오른손잡이 위주로 돌아간다. 오른손잡이 우리 형제들도 실생활에서 내가 부엌일을 할라치면 어설프다며 나를 밀어낸다. 뭔가 어색하고 야무지지 않아 보인다는 것이다. 냉장고 문을 열 때도 왼손으로 문을 열고 왼손으로 음식을 꺼내야 하니 곁에 있는 누군가와 부딪치게 된다. 그래서 어설프게 보일지도 모르겠다. 확실한 건 왼손잡이를 오른손으로 교정한 몇 가지 때문에 방향에 혼란이 온다는 것이다. 흔한 예로 운전할 때도 좌회전, 우회전 때문에 나 스스로도 헷갈린다. 학자들은 이런 것을 억지로 오른손잡이로 훈련시켜 뇌의 기능이 혼란에 빠지는 거라고 한다.

그럼에도 불구하고 왼손잡이를 위로해 주는 두뇌 특성이 있다. 왼손잡이들은 우뇌가 발달하는데 우뇌는 시각적, 공간적, 직관적이라고 한다. 그래서 전체를 보고 부분을 본다고 한다.

즉 숲을 먼저 보고 나무를 보게 된다. 그래서 건축가와 미술가 중에 왼손잡이들이 많은데 레오나르도 다빈치, 라파엘로, 미켈란젤로 등이 그들이다. 또한 왼손잡이가 타인의 감정을 이해하는 감정이입 능력이 뛰어나다고 한다. 타인을 이해하는 능력 중 하나인 리더십 때문에 세계를 이끈 지도자가 많다. 전 세계를 흥분시켰던 버락 오바마가 대통령에 당선된 직후에 백악관에서 왼손으로 사인하는 모습을 보고 반가워 텔레비전을 보던 가족들을 향해 "오바마도 왼손잡이네."라고 말한 적이 있다. 버락 오바마 외에도 나폴레옹, 빌 클린턴, 조지 부시, 빌 게이츠가 왼손잡이라고 한다.

이렇게 왼손잡이들이 감정이입 능력이 뛰어나서 내로라하는 지도자가 많은데 나는 감정이입에 성공한 적이 없다. 예쁘고 정성이 들어간 글씨는 마음의 표현이라고 하는데 글씨가 안 되니 마음을 전할 길이 없었다. 그러니 마음 전하는 것은 고사하고 만날 길도 없었다. 내 젊은 날, 한때 유행했던 텔레비전 드라마 「꽃보다 남자」에 나오는 F4들이 보는 이의 마음을 사로잡듯 내 마음의 F4였던 소년들이 두근거리는 감정을 몰라줬다면 그들은 실수한 거다. 왼손잡이가 오른손으로 연필을 잡고 편지를 쓸 때 시간은 많이 걸리지만 반듯하고 정갈한 글이 잘 안 된다는 것을 그들은 알고 있었을까? 나처럼 강제교육 받은 왼손잡이들은 오른손잡이인 사람보다 30% 이상 에너지를 더 소모하게 된다고 한다. 편지 한 통을 쓰기 위해 쓰다가 지우고, 다 쓴 편지를 글씨가 예쁘지 않아 스스로 또다시 쓰기 위해 밤을 지새웠다는 것을 그들이 알고 있었다면 어땠을까. 오른손잡이에게도 힘들었던 꽃 편지를 말이다.

너무 빠른 이별은 이별이 아니다

　　　　　불을 끈 베란다 유리창에 별 아닌 슬픔이 반짝반짝 빛난다. 이 슬픔을 아무에게도 들키고 싶지 않다. 소용조용 슬픔이 고요하다. 오늘 전화를 받았다.
"길순아, 보배한테 말했어."
　친구는 서울에 있는 동생을 만나고 춘천 집으로 내려가면서 터미널에서 전화를 했다.
　말을 했구나. 어떻게 이승에서의 마지막을 준비하게 해야 할지 모르겠다며 토해 내던 아픔, 오늘은 말을 했다고 하는 친구의 말에 몸이 떨린다. 저는 얼마나 힘들었을까.

나는 그녀를 사랑한다. 고향 친구이고 어려서부터 지금까지 살아가는 것에 대한 가치가 비슷해서 우리는 눈빛만 보아도 서로의 마음을 안다. 아이를 한 번도 등에 업어 보지 못하고 키웠다며 우스갯소리를 할 정도로 작은 몸이지만 작다는 느낌이 전혀 들지 않는 속 깊은 친구이다. 그녀의 성정은 나보다 몇 배는 깊다. 나이 50이 넘어서 이제는 뻔뻔해지자며 약속했지만 그건 취기에 올라온 허무한 약속이었다.

그런 친구의 동생이 갑작스레 이승에서의 마지막 준비를 해야 했었다. 스러지는 생명 앞에서 무엇을 어떻게 준비하라고 했는지. 죽음은 지수화풍地, 水, 火, 風 인연 따라 만났다가 흩어지는 것일 뿐이니 슬퍼하지 말라고 했을까. 아니면 얼마 남지 않은 시간 동안 못 한 것 실컷 하라고 말했나. 죽음을 앞두고 실컷 하지 못한 것은 무엇일까. 삶과 죽음은 늘 공존하고 파도와 같이 너울거린다고 했을까. 그래서 너무 빠른 이별은 이별이 아니라고.

친구는 동생을 찾아가서 이야기 좀 해주라고 한다. 친구의 온몸에 슬픔에 녹아내리는게 보인다. 봄에 위암 수술을 하고 초여름에 갑자기 실신하여 입원했는데 암세포가 혈액으로 전이되었다는 의사의 말. 병원에서 만난 예쁜 동생의 얼굴에는 분노가 가득했다.

두 자매는 서로 다른 점이 많았다. 착하고 정이 많은 언니와 다르게 보배는 빈틈없는 성격에 알토란처럼 이뻤다. 그렇게 남편과도 아름다운 사랑을 했다.

병실에 있는 그녀의 얼굴은 처량하게 아름다웠다. 죽음에 대한 분노만 없었다면 세상에서 가장 아름다운 모습이었다. 그 처량한 화는 고슴도치 같은 나이 어린 자식을 남겨 두고 가야 하는 슬픔이 너무 크기 때문에 올라왔을 거다.

그러나 7월 말쯤 고향 엄마 품에 내려와 있는 보배의 모습에서는 어느 정도의 평화로움을 볼 수 있었다. 우리는 어떤 기적을 원했다. 이별하기에는 너무 안타까운 서른 초반의 나이이다. 봉숭아꽃과 과꽃이 흐드러지게 핀 마당에서 아무것도 모르고 뛰어노는 아이들은 천진했다.

보배의 발, 다리, 척추를 주무르면서 마음으로 기도했다. 우리 같은 인간에게는 너무 어려운 일이지만 '기적'이 일어나길 바라는 억지를 부렸다. 주일이라서 교회로 기도하러 가는 친구 부모님의 뒷모습도 절실했다. 자식을 먼저 보내야 하는 부모님의 마음. 자식을 남겨 두고 먼저 가는 부모의 마음. 나이 어린 동생을 먼저 보내야 하는, 그 뒤에 남겨진 이들의 아픔들. 너무 빠른 이별은 이별이 아닌, 세월이 지나면 가슴이 미어지는 고통이다.

보배는 교회를 열심히 다닌다. 지금 보배의 얼굴에 가득한 평화는 종교에 대한 믿음일 게다. 그녀와 인연이 된 사람들은 각자 자신이 믿는 신께 열심히 기도한다.

시시때때로 찾아오는 슬픔을 견디기 어려워 거의 날마다 천축사에 갔다. 이승과 저승의 경계라는 천축. 바람 끝에 매달려 바람이 불어 주는 대로 흔들리는 풍경 소리가 부러웠다. 우리에게 저승으로 가는 바람은 어디에서 불어오는 것일까. 우리의 죽음도 바람에 맡기면 될까. 풍경이 바람을 피하지 않는 것은 어떤 연유일까.

풍경은 무정無情이니 죽음도 없다. 아니다. 무정이라고 생각하는 풍경도 언젠가는 소멸해서 본래 온 곳으로 가는데 유정有情인 우리가 가는 곳은 어디일는지.

보배야, 어차피 죽음이 얼마 남지 않았다면 다음에 태어날 때는

5부 다시 만나고 싶다

건강한 육신으로 태어나라. 이 게송偈頌은 내가 좋아하는 불교의
「무상계無常戒」중 일부란다.

> 諸行無常 하야 是生滅法이라
> 덧없다. 흘러가는 생멸법이여,
> 生滅滅已하면 寂滅爲樂이니라
> 났다 없다 함이 다하여 없어지면 고요한 열반낙이니라

오늘 전화가 왔다.
"길순아, 보배가 금요일 날 11시 30분에 떠났어."
"…."
"마지막엔 의식이 없었어. 눈가에 눈물만 촉촉했어."
"…."
"잘 살아야 되겠더라."
"그래, 잘 살아야지."

세월이 많이 지났지만, 아직도 먼저 간 이를 위한 간절한 기도와 그리움이 어릴 적 마당에 쌓였던 낟가리처럼 쌓여만 간다.

입차문래入此門來, 막존지혜莫存知慧

　　무엇인가를 해야 한다는 생각으로 잠을 설칠 때가 많다. 원인도 모르는 허전함으로 불면의 밤을 새울 때 늘 곁에 있었던 친구가 책이다. 특히 가을밤은 허전함으로 몸살을 앓는다. 깊은 밤에 저마다의 꿈길 걷는 소리로 집 안 가득 평화로움이 고여 있을 때 차가운 밤기운을 벗 삼아 책을 읽다 보면 그 내용이 짧게 느껴진다.

　여름의 무더위가 꺾이고 나면 밤기운은 냉기를 가져다준다. 마음까지 시리게 하는 차가운 바람 속에 실려 오는 풀벌레의 날개 떠는 소리에 누구인들 잠을 청할 수 있을까. 이런 밤이면 책은 나의 애인이다.

책을 애인 삼아 밤을 새우는 것은 오래전부터 길든 버릇이었다. 운이 좋아 초등학교, 중학교 시절 학교 도서관의 열쇠가 나에게 맡겨졌었다. 수업 시간에도 몰래 훔쳐 읽던 나는 그 덕분에 도서관 가득 꽂혀 있던 책들을 거의 다 읽을 수 있었다. 무슨 책이든 책이다 싶은 것은 무턱대고 읽었다. 그 많은 책 중에서 나의 마음을 훔쳐 가던 것이 있었다. 심훈의 『상록수』였다.

내가 자란 곳은 두메산골 산촌이다. 하루에 오전 오후 두 번 다니는 버스가 다른 세계로 나가는 유일한 통로였다. 심심찮게 산골 처녀 총각의 사랑 이야기가 울타리를 타고 넘나들었다. 언니가 많은 나는 언니를 좋아하던 오빠들 더도 많이 보았다. 학교가 파하고 교문을 나서면 언니를 짝사랑하던 그들이 자전거나 오토바이에 내 책가방을 실어다 주기도 하던 그런 산골이었다. 그들은 할아버지, 아버지가 무서워서 집으로 들어가는 신작로에 나를 내려놓고 미루나무 뒤에 숨었다가 혹시라도 언니들이 대문 밖으로 나오면 뒷모습이라도 보고 싶어 했겠지.

『상록수』의 애틋한 사랑 이야기를 남긴 심훈은 짧은 생을 살았다.

1901년에 태어나 1936년 급성 장티푸스로 사망한 35년간의 짧은 생애가 소설처럼 애절하여 읽고 또 읽었다.

『상록수』는 우리나라의 대표적인 농촌 계몽 운동 소설이다. 1931년 「동아일보」가 브나로드 운동을 하여 대중적 지지를 얻었지만 1935년 일제의 탄압으로 민족운동은 중단되고 말았다. 남녀 주인공 동혁과 영신의 사랑을 중심으로, 농촌 계몽 운동이라는 '일'을 매개로 지식인들의 모습과 당시 농촌의 실상을 그리고 있다.

두 사람의 사상이 일치한다는 사실이 서로를 사랑하는 중요한 원인이 되고 있다.

"하나님, 일과 사랑 두 가지 중 하나를 택해 주시옵소서. 저희 족속을 불행에서 건지기 위해서, 이 한 몸 바치겠다고 당신께 맹세한 저로서는, 지금 두 가지 길을 함께 밟을 수가 없는 처지에 부닥쳤습니다. 오오, 그러나 하나님, 저는 그 두 가지 중에 어느 한 가지도 버릴 수 없습니다."

주인공 영신의 간절한 기도를 하나님이 들어주기를 숨죽이며 읽다가 그녀의 죽음 앞에서는 책을 덮고 울 수밖에 없었다. '사랑'과 '일' 두 가지 다 성공하기를 바라며 읽는 나의 마음을 작가는 냉혹히 거절하였다.

이러한 소아小我와 대아大我의 끊임없는 대립을 해결하지 못해 고독해야 하는 것일까. 답답한 만큼 책으로 향한 갈망은 쉬지 않고 계속되었다. 도스토옙스키의 『신과 인간의 비극』, 니체의 『초인과 절망』에 나오는 "신은 죽었다." 이 글귀를 보고 몇 날 며칠을 밤새워 고민하던 기억도 새롭다.

교육에 대한 막연한 꿈이라고 생각하며 읽었던 루소의 『에밀』을 결혼하고 태교에 관심을 두기 시작하면서 다시 읽었다. 아버지의 욕심이 담긴 논리적인 관심보다는 어머니의 맹목적인 사랑이 훨씬 낫다고 한다. 자연에 의한 자연인을 실현하는 방법을 모색한 교육론으로서, 모든 것을 자연으로 돌리고 자연 상태로 보전하는 것을 최고 과제로 여겼다.

사람을 사랑할 줄 알고 어려운 사람을 도와줄 줄 아는 사람이 되는 교육, 이웃과 고향과 동포를 사랑할 수 있는 전인적 교육이 『에밀』의 교육론이다. 이보다 더 좋은 교육이 있을까. 루소의 『에밀』은 이제 나의 대아大我적인 교육의 중요한 지침서가 되었다.

하지만 어느 사상가의 책을 쉬지 않고 읽어도 마음 저편에서 기웃거리는 답답함을 해결하지는 못했다. 이렇게 책에 빠져

지내던 어느 날 책에서 쏙 빠져나올 기회가 있었다.

책의 한계, 즉 철학서의 한계에 부딪혀서 허우적대고 있을 때였다. 웬만한 절에 가면 일주문이 있다. 햇살 좋은 가을날 찾은 산사 일주문을 훑어보다가 '입차문래入此門來, 막존지혜莫存知慧'라는 글귀를 보고 놀라지 않을 수 없었다. 이 문으로 들어오기 위해서는 지혜, 즉 알음 앓이를 버리란다. 모든 것을 알지 않으면 안 될 것 같아, 답답함을 시원하게 해결하기 위해서 그 많은 책을 읽었는데 그것들을 버리라니. 다시 한번 내면과의 싸움으로 무너지기 시작했다. 당연히 불교 경전 쪽으로 기울였던 나의 관심은 '유식학'을 비롯한 불교의 수많은 경전을 공부하고 또 읽었다.

이렇게 의심하기를 몇 년. 이제야 속뜻을 조금 아는 정도인데 알지 못하면 버릴 것이 없다라니 옛 선사들이 아는 것을 두려워한 것이 아니다. 아는 것에 집착하여 더 큰 것을大我 얻지 못함을 경책한 것이다.

저 앞의 산을 가야 하는데 강을 만났다. 배도 없고 사공도 없는 강에서 다행히 어렵게 뗏목을 구했다. 강을 건너기 위해 간절하게 아주 간절하게 뗏목을 구했을 것이다. 강을 건너고 나니 그는 갈등하기 시작한다. 어렵게 구한 뗏목이고, 또 강에서 건너게 해주었으니 고맙기도 하다. 그의 처음 목적은 강을 건너는 것이 아니라 산을 오르는 것이었다. 석가는 모든 경전을 뗏목에 비유했다. 열반으로 가기 위한 도구라고. 그런데 나는 어리석어 도구를 목적으로 알고 있었다.

책을 읽고 많이 읽었다고, 경전 공부를 많이 했다고, 기도를 많이 했다고, 절을 많이 했다고 자만심에 빠질 것이 아니라, 끝없이 읽고 정진하지만 아무것도 하지 않았을 때의 하얀 백지 같은 마음을 간직하려 노력한다.

아름다운 죽음

 가을이 뒹군다. 사람들이 놀다가 아무렇게나 버려두고 간 바닷가도 쓸쓸하지만, 가을이 뒹구는 모습도 죽은 사자의 넋처럼 횅한 바람이 분다. 서로 어울리는 듯해도 나름대로의 모양이 다르다. 얼핏 보면 잘 섞이는 한 무리처럼 보여도 개체의 낙엽으로 등을 돌리고 차가운 바닥에 누웠다. 같은 나무에서 떨어진 낙엽이 서로 다른 것은 경험한 여름이 달라서일까.

 살아온 모양새가 달라 인간의 영혼이 다른 것처럼 낙엽의 향이

다르다.

  나무가 겨울을 나기 위해 자신을 떨구는 것을 보고 원망하지 않는 가을 낙엽의 향기가 푸근하다. 겨울이 오기 전 낙엽의 향기에서 기다림을 맡는다. 잉태의 겨울을 지나 새 생명을 낳기 위한 자기 낮춤이다.

  어머니의 세월과도 같다. 배가 고파 우는 아기를 위해 가슴을 열고 젖을 물리는 어머니를 보고 부끄러움을 모른다고 말하지 않는다. 그들은 동냥젖을 구하러 다니는 심 봉사의 어린 생명 심청에게도 젖을 물렸다. 어머니의 힘, 그것은 생명의 힘이고 자연의 섭리이다. 자연 앞에서 오묘함과 위대함을 느끼는 것은 그 힘이 아름답고 크기 때문이다.

  사람의 죽음도 생과 멸生滅의 섭리로 보아야 한다. 이 세상에 모양을 가지고 있는 것은 허망하여 집착할 것이 없다고 한다. 한 생명이 세상의 어머니처럼 떠났다. 도반들은 그렇게 황망히 떠나냐고 눈물을 삼킨다.

  49재에서 만난 사진 한 장 없는 진영 스님의 위패는 죽음이 성스럽다는 생각으로 숙연해질 뿐이었다. 폐암으로 원자력병원에 입원했다는 이야기를 듣기 전까지 스님의 건강에 대해서 의심했던 사람은 아무도 없었다. 절에서 같이 지냈던 스님들이나, 후원의 살림을 돌보는 보살님들도 감기약 드시는 것도 못 보았을 정도로 건강했다고 한다.

나 역시 그들과 같은 생각이었다. 일주일에 두세 번씩 강의실에서 만나 선학을 공부할 때 오히려 스님이 다른 스님들보다 건강하다고 생각했다. 대부분 스님의 얼굴이 하얗게 빛나는 것에 비해 스님은 햇볕에 검게 그을린 구릿빛을 하고 있었다. 강의실에 승복을 입지 않는 사람은 나밖에 없었고 어려운 한문을 쓸 수가 없어 한글로 적어 놓으면 자세히 가르쳐 주셨는데 그때도 건강한 얼굴이었다.

몇몇 스님들과 원자력병원에 병문안 가는 길이 왜 그리 어둡고 멀게만 느껴졌는지. 병수발을 하는 사람이나 병문안을 오는 이들이 대부분 스님이었으므로, 여섯 명이 같이 사용하는 병실이 불편하다고 생각되어 몇몇 도반 스님들이 특실로 옮기자고 하여도 수행승에게 당치 않는 사치라며 만류했다. 며칠 후 다시 찾은 병실에서 스님의 모습이 너무나 평온하여 몸이 많이 좋아진 까닭이라고만 여겼다.

스님의 행복은 다른 곳에 있었다. 스님이 암세포만 뺀 모든 육신을 모 대학 병원에 기증하셨다는 것을 돌아가신 후에야 알았다. 얼마나 숭고한 사라짐인가! 49재에서 만난 절의 신도와 도반 스님들은 제에 쓰일 사진을 찾기 위해 유품을 뒤적이다 사진 한 장 남기지 않고 스님의 모든 행적이 정리되어 있음을 알았다고 한다. 혼자서 차곡차곡 자신의 멸을 준비하는 한가함은 어디에서 오는 힘일까.

이처럼 아름다운 열반송이 있을까. 자신의 남은 건강한 몸을 나누어 준 이타심利他心은 어디에 뿌리를 내렸을까. 진영 스님의 영혼에서 맑은 소리가 난다.

꿈같은 인연

　　　　돌아가신 지 한 달쯤 된 시아버님 산소에 갔다. 무작정 산소에 온 것은 참으로 믿을 수 없는 현실 때문이다. 아버님이 돌아가시고 어찌나 섭섭하던지 그냥 당신을 보내기가 아쉬워 이승도 저승도 아닌 곳에서 중음신으로 머무는 49일 동안이라도 몸가짐을 바르게 해야 할 것 같았다. 아침저녁으로 금강경을 독송하기로 마음먹고 그리하던 중이었다.

　그날도 그랬다. 아이들이 모두 학원에 가고 집 안에 전깃불을 끈 다음 금강경을 독송하고 남편은 단전 호흡을 하고 있었다. 아파트에 불이 꺼지고 촛불을 의지한 채 가만히 앉아 있으면 그대로가 편안하다. 밤 10시가 넘어서 금강경 독송이 끝나고 한강을 바라보며 커피를 마시고 있는데 남편이 불렀다. 조용한 목소리로 현관을 보라고 해서 엉겁결에 보았더니 현관문에 붙은 장에 길게 사람 모양의 빛이 서려 있었다.

참으로 밝고 깨끗한 빛, 인공의 빛이 아닌 형언할 수 없는 광채라 친근감이 느껴져서 나는 문 쪽으로 걸어가서 손으로 빛을 쓸어 보았다. 머물던 빛은 잠시 후에 소리 없이 사라졌다. 나처럼 영가나 금강경에 대한 믿음이 없는 남편도 그 빛이 시아버님이 오셨던 징표라고 확신했다.

그래서 나는 무언지 모를 감정으로 산소에 왔다.

한 달 사이에 상여가 오를 때 꽃들이 하도 아름다워서 아버님이 돌아가셨다는 것도 잠시 잊게 했던, 그런 나를 화들짝 놀라게 했던 꽃들은 흔적도 없다. 잔디만 살아서 파릇파릇하고 어떤 것은 씨앗까지 맺고 있다. 잘 살아 준 잔디가 고맙다. 바로 곁에 누워 계시는 큰어머니 산소에 잎을 넓게 펼친 고사리가 눈에 띈다. 다른 묘엔 없는 고사리가 유독 큰어머니 산소에만 많은 것이 이상하기도 하다. 돌아가신 후 제사를 받지 못해서 그 한으로 고사리로 무덤을 덮고 있는 것일까. 손으로 고사리 줄기를 뜯다가 눈에 보이는 이 푸성귀가 무슨 대수이랴 싶어 그만두었다.

큰어머니, 사람의 인연. 그 시작과 끝은 어디인지. 이렇게 생각이 많은 날은 앞산에 봉우리가 늠름하게 살아 있다. 살아서 6개월간 맺은 꿈같은 부부인연으로 나란히 눕게 될 줄 알고 있었을까. 아버님이 돌아가시고 나서야 말로만 들었던 큰어머니의 산소를 알게 되었다. 돌아가신 큰어머니의 존재를 알고 있었던 건 결혼하고 나서 얼마 되지 않아서였다.

오래전부터 알고 지내던 명리命理 선생님이 한 분 계셨다. 남편의 사주팔자를 펼쳐 놓고 이런저런 궁리를 하는데 그분이 하는 말이 남편의 사주에 어머니가 둘이라는 것이었다. 그분의 명리에 관한 학문론에 어느 정도 수긍하고 있었고, 평상시에 다른 이들의 사주를 놓고 많은 이야기를 하던 사이였다. 사주와 사람의 심상을 놓고 토론을 벌이곤 했는데 바른 심상이 사주에 나와 있기도 했다. 이러니 그분의 말을 믿을 수밖에 없었다. 처음 듣는 이야기일 뿐 아니라 억울하게 돌아가셨다는 사실도 알게 되었다.

집으로 돌아오는 발걸음이 허우적거렸다. 남편한테 물어보니 그는 깜짝 놀라며 나보고 어떻게 알았냐고 화를 낸다. 나는 화낼 일도 아니고 부끄러워할 이유도 없다며 그를 안정시키고 물어보았지만, 자신이 태어나가 전이고 더군다나 어머님과 결혼하기 전 일이라서 잘 모른다고 했다.

다음 날 나는 차를 몰고 시골로 갔다. 시어머님의 눈치를 이리저리 피해 시아버님께 여쭤 보았다. 역시 놀라셨지만 놀랍게도 당신은 꿈처럼 짧은 시간을 같이하고 돌아가신 큰어머님의 이름과 기일을 50여 년이 지난 그때까지 기억하고 계셨다. 내가 절에 가서 제사를 지내 드려야겠다고 할 때 시아버님의 표정을 잊을 수가 없다.

기나긴 인생의 숙제를 풀어냈다는 안도감이 넓게 벗어진 이마에 흐르고 있었다.

그리고 어머님과 다시 결혼하고 칠 남매를 낳았다. 아버님께 차마 돌아가신 이유를 여쭈지 못하고 서울로 올라왔다. 다만 이래저래 전해 들은 이야기로만 돌아가신 연유를 안다.

스스로 자신의 생명줄을 놓아 버렸다. 가여운 생각이 들었다. 아버님께 돌아가신 날을 여쭈어 기일 날 절에 가서 제사는 모셔왔지만, 산소는 생각지도 못하고 있었다.

시아버님이 돌아가시고 묘를 그곳에 써야겠다고 생각한 사람은 아무도 없었다. 조상들이 묻혀 있는 종중 산에 좋은 못자리를 찾다 보니 지관이 그곳이 좋다고 했을 뿐이다. 이렇게 우연히 두 분이 나란히 눕게 된 것이다. 산소가 나란히 있는 것이 무슨 소용 있을까마는 고사리를 덮고 있는 산소가 외로워 보이지 않는다면 시어머님께 죄송한 일일까.

이제 큰어머니는 우리가 산소에 올 때마다 잔도 받고 절도 받으신다. 그분이 우리를 알든 모르든 돌아가신 영혼에 대한 우리들의 예의니까.

사람은 외로운 영혼이다. 육신의 가슴은 따뜻하지만 때때로 미친 듯이 끌어당기는 칼바위 같은 외로움을 안고 산다. 돌아가신 큰어머니의 영혼이 외로웠다면 살아 있는 아버님과 어머님은 각자 다른 외로움을 안고 살았을 것이다.

인간의 태어남이 고苦라고 했다. 눈에 보이는 모든 현상은 끊임없이 흘러가고 변하여 항상하는 것이 없다고 한다. 그래서 인간이 더 외로움을 타는 것일까. 애별리고愛別離苦, 사랑하는 이의 마음조차 잡아 두기 어려워 불안해한다. 외로운 인간들은 욕정을 담박하게 가지지 못하고 끝없이 새로운 욕망을 갈구한다. 끝이 보이지 않는 욕망의 갈구는 잠자던 새로운 외로움을 들어 올린다는 것을 모른다. 파도와 같다. 검은 어둠도 삼키는 성난 파도를 보고 외로움을 동반한 두려움을 느끼지 않는 삶은 없을 것이다.

저 멀리 있는 앞산이 잠자는 듯 조용하다. 움직이는 것은 나 하나뿐이다. 이제 겨우 뿌리내리기 시작하는 잔디도 미동하지 않는다.

청양에서 성동으로

청양 → 성동 506이라고 쓰여 있는 쌀자루가 나를 쳐다보고 있다. 행여 쌀이 마룻바닥에 떨어졌을까 싶어 자루 주변을 눈길로 훑어본다. 그 동안 시아버님이 보내 주신 그 쌀자루를 한 번도 애지중지해 본 적이 없다. 오히려 애물단지로 전락한 적이 많다.

쌀이 아직 많이 남아 있다고 보내지 말라고 해도 미리미리 보내시는 아버님 때문에 지난여름 장마철에도 쌀벌레 때문에 고생을 했다. 여름만 되면 아파트에서 벌이는 쌀벌레와의 전쟁 때문에 때때로 원망하기도 했다.

결혼해서 첫해 시골에 갈 때마다 쌀 있느냐고 물어보는 당신한테 넙죽 받아 오기가 죄송해서 있다고 하고 그냥 올라오곤 했다. 벼농사 짓는다고 고생하시는 두 분을 도와드리지도 못했고, 또 가을에 농협에 모두 수매해서 용돈이라도 쓰면 될 건데 싶어서 그냥 올라오곤 했더니 오히려 쌀이 넘쳐났다.

쌀에서 생기는 벌레는 정말로 괴로웠다. 궁여지책으로 가까운 복지관에 갖다 주거나 떡볶이 떡을 뽑아서 아파트 이웃들에게 본의 아닌 인심을 쓸 수밖에 없었다.

그러나 지금 나를 바라보고 있는 쌀자루는 너무나 기가 막혀서 처음에는 뜯지도 못했다. 아버님이 돌아가시던 날 아침이었다. 아버님이 우리 집으로 전화하시는 시각은 늘 비슷했다. 7시에서 8시 사이에 벨이 울리면 아버님이다. 그날도 7시 반쯤 벨이 울리고 나는 아이들과 남편 출근 준비하는 바쁜 시간이라 건성으로 전화를 받았다.

"쌀 보냈다. 오늘쯤 도착할 거다. 우리 손주들 맛있게 지어서 먹이고 너도 밥 많이 먹고 건강해라."

평상시와 다름없는 자상한 목소리를 들으며
"아버님, 쌀 받으면 전화를 드릴게요."
이게 아버님과 나눈 마지막 말이었다.

4월 22일, 음력 3월 17일 낮 12시 40분 시누이의 울먹이는 전화를 받고 있었고 현관 인터폰에서는 택배 아저씨가 벨을 누르고 있었는데 받을 수가 없었다. 택배 아저씨가 열심히 벨을 눌러 댔지만, 카메라에 비치는 그의 모습은 안중에 없었다. 아버님이 돌아가셨다는 시누이의 전화를 믿을 수 없었고 집으로 돌아온 남편이 화장실에 들어가 수도를 틀고 통곡할 때야 나는 실감할 수 있었다.

우리는 서둘러 시골로 향했기에 학교에서 돌아온 아들이 그 쌀자루를 받았다. 이렇게 우연치고는 기가 막힌 우연이 있다니.

이제는 아버님이 보내 주시는 쌀을 받을 수가 없게 되었다. 아버님이 돌아가시고 동네 누군가 그 논에서 농사를 짓게 됐다. 추수할 때 시댁에 내려가면 동네 어른들은 아버님이 논에서 일하시는 모습을 볼 수가 없는데 가을에 추수는 똑같이 한다며 농담을 하곤 했다. 논에서 알뜰살뜰 풀을 뽑지는 않으셨지만 자식들 붙여 주는 재미로 농사를 지었다.

 연세가 들면서 어머님이 아버님께 큰소리 한번 못 치고 살아온 것을 자식들 앞에서 당당히 푸념하시곤 했는데, 논에서 새떼들 쫓던 이야기만 나오면 어머님은 어쩔 줄을 몰라 하신다.

 전설의 고향 같은 재미난 두 분의 일화다. 어느 해 누렇게 익는 넓은 논에 새떼들은 알토란 같은 벼 이삭을 쪼아 먹으며 허수아비를 희롱했다. 휘이휘이 소리를 지르며 낭만 허수아비를 쫓아내기에는 성격이 급한 아버님은 공기총을 샀다고 한다. 하루는 읍내 장에 나가던 당신이 벼 이삭 위에 앉아 있는 새들을 보고 그냥 장에 갈 수가 없어서 어머님께 총을 가지고 오라고 소릴 질렀다. 어머님은 마루 귀퉁이에 세워져 있던 총이 무서워서 조심스럽게 가지고 나가 아버님을 드리려다 그만 잘못하여 방아쇠를 당기는 실수를 하였다.

 이쯤 이야기가 진행되면 어머님은 슬그머니 자리를 뜬다. 아버님의 구수한 이야기에 나는 웃음을 참느라 킥킥거린다. 그 잘못 당긴 방아쇠 때문에 총알이 튀어나와 아버님의 머리 위를 날아갔다.

 "여기 좀 만져 봐라. 여기 있지. 여기 아직도 총알이 있어."

 아버님은 넓게 벗어진 이마를 짚으며 말씀하셨다. 그러면서 꼭 한마디 덧붙인다.

"그때 내가 잘못됐으면 어쩔 뻔했니."

어머님의 심정은 아랑곳하지 않고 이야기에 푹 빠져 듣다가 깔깔거리며 웃곤 했다. 어머님은 그때 아버님보다 더 놀랐다고 한다. 사실 총알이 머리 위를 아슬아슬하게 스쳐 지났는데 아버님은 총알이 머리에 박혔다고 억지를 쓴다.

쌀자루 속의 쌀이 조금씩 줄어드는 것을 보며 못내 섭섭한 것은 이제는 받을 수 없는 것이 쌀이라서가 아니라 아버님의 사랑이기 때문이다. 쌀은 아버님의 희망이었다. 젊어서는 자식들을 먹여야 하는 고달픔이었고, 그들이 성장해서 새로운 둥지를 틀었을 때는 손주들에게 퍼붓는 사랑이었다. 뜨거운 여름 한낮에 두 분이 걱정되어 전화하면 "아부지가 논에 나가서 일하고 더워서 막걸리 한잔했다."

아버님의 말씀을 다 듣고 "아버님, 낮엔 논에 나가지 마세요. 더위 잡수시면 큰일 나요." 하지만 바로 대꾸하신다.

"내가 누구니? 아직 끄떡없어~."

전화를 끊고 나는 남편한테 귀여운 아버님이라고 말하면 남편은 버릇없는 며느리라고 핀잔 아닌 핀잔을 하며 우리 부부는 웃었다. 아버님은 절대로 논에 나가서 일하실 분이 아니고 어머님이 사람 사서 일을 시킨다는 것을 알기 때문이다. 일이 끝난 후에 술은 아버님이 일꾼보다 많이 드시고 기분이 좋아 소탈하게 전화를 받으시는 것이다.

그러나 우리가 잘못 알고 있었다. 아버님이 돌아가시자마자 텅 비워질 논을 걱정했다. 농사지을 사람이 없으니 누군가에게 대신 농사를 지어 달라고 부탁해야만 했다. 그냥 그 자리에 계신 것이 농사를 지은 것이라는 걸 바보처럼 모르고 있었다.

내가 좋아하는 시인 정호승이 몸이 불편한 아버지를 보살피느라 서울 집도 비우고 어느 시골에서 아버지와 둘이 살며 낸 시집 속에 「쌀 한 톨」이라는 시가 있다.

> 쌀 한 톨 앞에 무릎을 꿇다
> 고마움을 통해 인생이 부유해진다는
> 아버님의 말씀을 잊지 않으려고
> 쌀 한 톨 안으로 난 길을 따라 걷다가
> 해 질 녘

어깨에 삽을 걸치고 돌아가는 사람들을 향해
무릎을 꿇고 기도하다

시인이 부럽다. 간호하는 동안 쌓이게 될 봄날의 송홧가루 같은 미움과 그 진득진득한 애정을 통해 아버지의 삶을 깨닫고 무릎을 꿇을 줄 아는 이만의 기도.

아버님이 돌아가신 후에 청양→성동이라 쓰인 쌀자루만 애석해하며, 무릎을 꿇어 본 적 없는 기도는 절대로 깨달을 수 없는 그 기도를 부러워한다.

■ 해 설

달항아리를 닮은 글쓰기
– 임길순 수필집 『슬픔을 사랑합니다』에 부쳐 –

1. 우바이 정신으로 다져진 작가혼

　임길순 작가를 언제부턴가 '임 도사'로 호칭해왔고 그녀 자신도 이 애칭을 그리 저어하지 않는 것 같다. 30여 성상 전후의 긴 인연으로 다져진 임 작가는 처음 만났을 때부터 지금까지 그 모습에 그 인상과 품새가 전혀 달라지지 않은 채 삶의 연륜을 쌓아가고 있는, 불교 신앙의 칠부중七部衆 중 우바이優婆夷(재가 여신도)를 지칭하는 재가보살 같은 존재로 내 뇌리에는 각인되어 있기 때문이다. 법명이 관음화인 임 작가와 나 사이의 개인적인 인연의 실타래를 풀어가려면 먼저 「방산굴 비룡 스님」이란 글부터 읽어가는 게 좋을 것 같다.
　방산굴이란 월정사에 있고 거기에는 한때 고승 비룡 스님이

은거했다. "1901년 개성에서 태어난 스님은 청년 시절 도교, 천도교 등에 관심을 가졌다. 나라가 어려운 시기에 태어나 민족의 독립을 위해 신통술에 관심"이 많았기 때문이었다. 방황 중 그는 인제의 한 사찰에서 "도교는 죽지 않고 오래 사는 것이 목적이지만 불교는 생사를 벗어나 대자유인이 될 수 있다는 점에서 가장 큰 도다."라는 한암 스님의 가르침에 깨달음을 얻어 몸소 실천하다가 "2000년 1월 28일 세수 100세 승랍 74세"에 열반했다.

그 스님이 방산굴에 몸담고 땡볕 아래서 감자밭의 김을 매고 있었다. 마침 임 작가가 부군과 어린 둘째 아들이 함께 월정사로 나들이를 갔다가 감자밭에서 일하는 스님을 보고는 아이를 남편에게 맡긴 채 감자밭으로 들어가 "스님 안녕하세요."라고 인사를 올리자 생판 모르는 아낙이었지만 "무성해진 감자 잎 포기에 묻혀있던 얼굴을 들어 환하게 웃어주셨다." 임 작가는 감자밭의 잡초를 뽑으며 도사의 혜안으로 스님을 관찰한다.

풀을 뽑는다기보다는 한 포기 한 포기를 어루만진다는 게 맞을 것 같았다. 잎사귀에 파묻힌 채 그렇게 한동안 풀을 찾았다. 밭둑에서는 굴러떨어질세라 연신 아이를 붙잡는 남편과 아빠를 뿌리치고 뒤뚱거리며 밭으로 들어오기 위해 흙바닥에 배를 깔고 납작 엎드려 다리를 뒤로 내뻗는 아이가 분주하다.

"저 아이 잘 키워. 스무 살이 넘을 때쯤이면 사람과 동물이 접촉해서 생기는 새로운 병들 때문에 많은 사람이 죽을 거야. 저 아이들이 살아갈 수 있도록 자연을 잘 지켜야 하는데 인류가 파괴한 환경문제가 심각해져서 생기는 병이고 먹거리에도 문제가 생길 거야. 자연재해로 죽는 줄도 모르고 갑자기 죽는 사람들이 많아서 ○○들의 문제도 생길 테고. 그러니까 저 아이는 지금부터 감자나 고구마 도토리 같은 음식들을 골고루 먹이도록 해야 해. 섭생만 잘하면 120살도 살 수 있는 시대가 올 거여."(「방산굴 비룡 스님」)

여기에 등장하는 '저 아이'란 임 작가의 둘째 아들로 그는 나와 임 작가의 인연을 풀어가는 연결고리 역을 해준다.

1993년부터 나는 현대백화점 압구정 점에서 '생활글 수필창작 강좌'라 가파으로 주 1회씩 강의를 시작했는데 예상보다 관심을 끌어 점점 확대되어 현대백화점 서울 시내 전 지점에 내 강의를 개설하게 되었다. 당시나 지금이나 '수필창작'이란 제목으로 강좌를 하던 풍조에서 나는 '생활글'이란 술어를 처음 창안해 등장시켜 문예적 수필만이 아닌 '광의의 산문' 개념의 창작 강의, 그러니까 르포, 수기는 물론 웅변, 실록, 보고문 등부터 자서전, 전기문학 일체와 기행문까지를 망라했기에 인기가 있었던 것 같다.

여기에다 '명작을 통한 세상읽기'란 문학 교양강좌와 국내외 역사문학 기행까지 겸했으니 평생교육으로서는 안성맞춤이었다.

압구정 강의 초기부터 불룩한 배를 조금도 어색하거나 불편한 기색이 없이 열심이었던 새댁이 바로 임길순 작가였다. 첫째 아들은 다섯 살로 유치원생이었고, 둘째는 임신 중일 때였고, 그가 어렸을 때 월정사로 데려갔던 장면은 이미 임 작가가 내 강의에 한창일 때와 겹친다.

더구나 전국에서 고작 10여만 명밖에 안 되는 풍천 임가 종씨여서 항렬을 따져보니 족조族祖, 즉 할머니뻘이지만 나이로야 내가 훌쩍 위여서 더욱 절친해질 여러 계기가 겹친 것이었다. 어느 해였던가, 충청지역 어딘가로 심포지엄에 갔던 귀로에 임 작가는 자기 친정집을 지나가는 길이니 들렀다 가자 해서 종씨 집안이라 서슴없이 제천시 덕산면 성암리로 찾아가 일가족을 다 만나 임씨 단합대회까지 했으니 흉허물이 없는 사이로 급진전했다.

이런 사사로운 관계만이 아니라 임 작가는 압구정반 반장에다 2006년에 창간한 월간 『한국산문』의 첫 편집부장을 2011년까지 5년간 맡았으니 이 잡지의 기틀을 잡았다고 할 수 있다. 놀라운 현상은 임 작가가 누구와도 쉽고 편안하게 진솔한 속내를 털어

놓게 만드는 본능적인 체질을 가졌다는 점이었다. 그는 관상이나 심리학 전공자처럼 누구나 첫눈에 그 사람됨을 간파하고서도 조금도 편견이나 차별의식을 갖지 않은 채 아주 편안하게 다가가 절친의 사이로 변전시키는 이 붙임성은 그녀가 오랫동안 쌓아왔던 불심佛心과 도심道心의 변증법적인 융화가 빚어낸 결과로 보였다. 그녀가 반장을 맡았을 때는 압구정반에 어떤 말썽이나 시비도 없었지만 설사 한두 건의 불화가 발생해도 어떻게든 친화력을 발휘해서 거뜬히 해결해주곤 했다. 그가 잡지사 초기의 반장을 맡았던 기간에는 매우 어수선한 분위기였는데도 그 중심축을 잡아『한국산문』의 주류세력을 형성하여 발전의 기틀을 단단하게 다졌을 뿐만 아니라 당시의 편집위원들은 긴밀한 유대를 유지하여 지금까지도 그 관계를 지속하고 있을 정도다.

그 후 임길순 작가는 중년의 연배면서도 원로들이 즐비한 한국문인협회 성동구 지부장을 지내면서도 이런 친화력과 응집력을 결집시켰다는 소식도 들었고, 문단에서 나는 종종 임길순 작가를 거론하며 예사 인물이 아니라는 식으로 언급해주는 인사말을 들어온 터이다. 내가 유추했던 것보다 도력道力이 훨씬 고단수가 되었음을 감지케 해준다. 수신제가의 단계에 머물렀던 초기 때

보다 지금은 세상사를 보는 시선까지 바로 갖춘 경지에 이르렀으니 그간 어떤 변모가 있었을까 궁금하던 차에 그 해답을 이 수필집에서 찾을 수 있었는데, 그게 바로 '우바이 정신'이다.

2. 달 항아리를 닮은 글쓰기

임길순 작가에게 글쓰기란 기예技藝가 아니라 도의 깨달음이자 나날이 새로워지는 자아와 세상의 발견이고, 그 경지를 기꺼이 실천해 나가는 모험이면서 그 모험으로 또 다른 존재의식의 내면의 황무지를 개간하려는 탐구하는 영혼의 표상이다.

「방산굴 비룡 스님」도 그중의 하나다. 작가가 따가운 볕을 받으며 감자밭 매는 노승이 누군지도 모른 채 저런 스님이면 필시 득도의 경지에 영근 소중한 한 마디를 흘려줄 것이라는 영감에 따라 무작정 그 옆으로 다가가 말을 건넨 것이다. 그가 "월정사 조실이었던 방산굴의 비룡 스님이 도인"임을 작가가 알게 된 건 한참 뒤였다. 그러나 위의 인용문에서 보았듯이 그 스님은 엄마를 따라 밭으로 들어서려고 안달하는 아이를 보고는 "저 아이 잘 키워. 스무 살이 넘을 때쯤이면 사람과 동물이 접촉해서 생기는 새로운 병들 때문에 많은 사람이 죽을 거야."라며 환경생태계를 염려하는 멘트를 슬쩍 날렸지만 도력이 만만찮은 임 보살조차도 미처 이 말을 흘려버렸다.

임 작가의 부부가 비룡 스님의 멘트를 깨닫게 된 계기는 2015년에 등장한 메르스나 그 뒤를 이은 코로나19 등등의 바이러스로 온 인류가 곤경에 처하면서였다. "남편은 산중에서 수행만 하는 분들이 세상의 일을 어떻게 아는지 신기"해했고, 작가는 "그때 알았더라면 스님을 조금 더 귀찮게 했을 텐데. 의상조사가 지은 「법성게法性偈」에 '우보익생만허공宇寶益生滿虛空 중생수기득이익衆生隨器得利益'이라는 글귀가 있다. 훌륭한 스승이 진리를 가르친다 해도 제자가 알아듣지 못하면 아무런 소용이 없다는 것을 절실히 알게 되었다."라고 후회한다.

그녀에게 글이란 이처럼 자아 탐구의 방식으로 '세상 서를 살펴보는 여러 방법이 있는데 그중의 하나가 달항아리의 유연한 곡선을 바라보는 것'이다. 그 둥근 형태는 고정되어 있는 불변의 존재가 아니라 "초승달을 보면 언제 보름달이 될까 하는 기다림이 있고 보름달에서 점점 작아지는 달님을 보면 세월에 묻어서 사라지는 아쉬움이 있지요. 이렇게 초승달에서 보름달로 둥근 만월이었다가 그믐달로 유전하는 둥근 선과 하얀 달항아리"

로 변전하는 우주의 섭리를 품은 걸 관음화는 자신이 추구하는 이상적인 미의 극치로 삼고 있다. 그래서 임 작가의 변증법적 인식으로는 초승달도 보름달이고 보름달 역시 그믐달로도 보이는 우주 삼라만상과 인생유전의 이상적인 한 형태로 부각된다. "달항아리처럼 유연해져 가는 그런 과정 중에서 겪은 아름다운 인연들과 어리석은 행동"(「작가의 말」)을 내성하는 삶, 초승달과 그믐달을 보름달로 성장시키려는 이 돌고 도는 세상살이를 임길순 작가는 불교적인 선禪의 변증법적 인식론을 도교적인 무위無爲의 가치론으로 용해시켜 접근하는 입장을 취하고 있다.

  작가는 뵙고 싶은 스님이 있으면 감자밭에 그냥 뛰어들 듯이 무작정 찾아 나선다. 「하루 동안의 행복」이 바로 그런 만남이지만 다 그렇게 만나는 건 아니어서 우연한 만남, 약속을 미리 하고 만나기 등등 그 절차는 중요하지 않다. 신기한 것은 전혀 몰랐던 상대이건만 아무런 경계심이나 스스럼없이 스님과 작가의 너무나 자연스러운 하잘것없는 대화가 이어지면서 이내 기가 통해 함께 식사하고 차까지 마시며 선문답식 대화를 나누게 된다는 것이다. 이래서 임길순 작가에게 붙는 별명이 '도사'인데, 내가 보기에 그녀는 영혼의 원천 혹은 신앙의 힘인 천의 기氣와 땅의

기地氣에다 인간의 기사氣까지 두루 섭취할 줄 아는 경지에 이르렀기에 보살복 차림새로 길 떠나기를 즐기는 것 같다. 그게 바로 달항아리의 글쓰기 정신에 다름 아니다.

"어떻게 왔어요."
"옆에 있는 도반이 스님을 뵙고 와서 제가 꼭 스님을 뵈어야 한다고 해서 같이 왔습니다."
"나랑 한판 붙으려고 왔네."
"아이고! 스님 아닙니다. 그냥 친견하고 싶어서 왔습니다."
"어디서 왔어요."
"서울에서 왔습니다."
"서울에는 부처가 있어요."
"네."
"그럼, 여주에는 부처가 있어요."
"네."
"서울에도 부처가 있고 여주에도 부처가 있단 말이지."
"네."
"서울에도 부처가 있고 여주에도 부처가 있다. 그럼 연못에 원숭이 그림자가 비쳤는데 원숭이가 있어요. 없어요."
"없습니다."

"원숭이가 없다. … 사람이 죽으면 썩잖아요. 썩으면 물이 고이는데 고여 있는 물에 파란 눈이 있어요. 그게 뭐지요."
"모르겠습니다."
무슨 말인가를 할까 망설이다가 삼배를 했다. 즉답을 해야 하는데 난 벌써 머릿속을 굴리고 있었다. (「하루 동안의 행복」)

"지리산에 홀로 남은 마지막 호랑이처럼 스님은 딱 버티고" 앉아있는 상무주암의 두암 현기 스님과의 첫 대면이다. 상무주암은 경봉 스님이 주석駐錫했던 곳인바, 여기에 현기 스님은 "40여 년 장좌불와長坐不臥 하면서 세상 밖으로 나오지 않았다. 최근에는 산속의 천진불을 찾는 이들에게 회향回向하고 있다고 한다."

스님이 내준 쌀로 밥을 지어 온갖 산채에다 푸성귀로 푸짐한 한 끼를 쌀 한 톨 남기지 않고 마치고는 설거지까지 끝내는데, 임 작가는 식사 때의 메뉴와 풍경을 자상하게 소개해준다. 필시 먹거리나 식사하는 자세가 인간의 품성 형성에 얼마나 중요한가를 넌지시 일러주려는 속내일 것이다.

"녹차를 마시면서 성철스님의 열반송과 알아들을 수 없는 선어들이 쏟아졌다."

한평생 남녀의 무리를 속여서 生平欺狂男女群
하늘에 가득한 죄업이 수미산을 지나간다 彌天罪業過須彌
산채로 무간지옥에 떨어지니 한이 만 갈래나 되는데 活陷阿鼻恨萬端
태양이 붉은빛을 토하면서 푸른 산에 걸렸구나 一輪吐紅掛碧山

이를 두고 "성철 스님 같은 부처님도 무간지옥에 떨어진다 했는데 왜 그랬어요."라고 묻자 일행 중 한 분이 "비유법이 아닐까요."라고 하자 대뜸 "죽음이 백척간두인데 비유법이 나와요. 숨이 끊어지는데 이런저런 망상이 나오겠어요. 그런 게 아니에요."라고 단호하다. 불교계나 한학자들도 이 풀이는 엄두도 못 내고 있는 터라 정답이 없는데, 임 작가는 이를 두고 얼른 "스님의 이런저런 질문에 내가 자신이 없어서 이러쿵저러쿵 남의 핑계를 댄 것을 두고 잘못되었다고 가르친 것"으로 풀이하며 이걸 "석가가 깨달은 진리의 청출어람보다 더욱 귀한 살불살조殺佛殺祖다. 살불살조, 청출어람은 고사하고 차를 내어주는 도인의 찻값이나 했으면 좋겠다."라고 결론지으며 이 작품을 아래와 같이 끝맺는다.

"예전에 저잣거리에서 놀던 중이 해가 지자 걸망을 메고 일주문을 들어가는 것을 보고 시장 사람들이 중은 중이로세 했다는 말이 있어요."
　이런 한가한 여백의 아름다움으로 행복이 내 곁에 머무른 게 몇 번이나 될까.

　여기서의 여백은 만월이 못 된 상태의 달을 연상하기 십상이지만 그건 불교적 변증법을 외면한 인식론이다. 임길순 작가의 입장에서 말한다면 달항아리처럼 가득 찬 속에서의 여백을 뜻하는 것으로 영혼의 황홀경을 의미한다. 참으로 오묘하다.

　이 스님은 「그랬으면 좋겠다, 그리하면 좋겠다」에도 등장한다.

"스님, 무슨 나물이지요."
"광대나물이에요."
　생소한 나물이다. 산나물을 삶아서 마당 가득 널어놓았다. 5월의 태양에 뜨겁게 잘 마른 나물이 부서질세라 살살 흔들어 펼쳐 널면서 하릴없이 물었다. 산에는 나물이 지천으로 자란다. 이른 봄에 잡초라 부르거나 풀이라 여기는 웬만한 그것들은 모두 먹을 수 있다. 산나물을 뜯어서 삶아 말린 뒤 묵나물을 만들어 다음 해 봄까지 먹어야 한다. 나물을 널 때도 나물 너는 일에만 오롯이 집중해야 한다. 더군다나 스님이 지켜보고 있으니 손놀림 하나에도 망상이 들었는지 아실 거다.

 경사가 심한 산을 개간했으니 밭이지 산이나 마찬가지인지라 오르내리는 것도 버거울 텐데 "계단식으로 된 다랑이 밭에는 상추, 쑥갓, 고추, 감자, 양배추, 갓, 옥수수, 등 많은 모종이 자라기도 하고 새싹들이 올라오고 있었다. 빈 몸으로 오르내리기도 힘든데 물을 가득 들고 오르내리기란 쉽지 않았다."
 김장 김치와 미나리 초무침으로 저녁 공양을 하고는 촛불도 켜놓지 않아 어둠만이 있는 곳에서 "두 시간 정도 화두를 챙기고 일어났다. 지리산의 주인은 아직도 움직임이 없다."

 스님은 여전히 그 자리에 그대로 있다.
 도인은 평생 눕지를 않았으므로 이불이 없다. 밤이 찬데 옷은 어떻게 히고 게시나 하고 보려니 워낙 캄캄한 밤이라 익힌 대로 저기에 검은 물체로 있는 사람이 스님이 있겠구나 추측할 뿐이다. 스님은 앉아 있다가 밤을 낮 삼아 포행布行을 하기도 한다. 그리고 앉은 채로 잠깐 잠을 잔다. 그러기를 40년이 넘었다.
 나는 스스로에게 스님처럼 깨어있어라. 늘 깨어있어야 한다. 시간과 시간의 간격을 없애야 한다. 들숨과 날숨의 간격에서 깨어있어야 한다고 노력할 뿐이다.

"지금, 이 순간 일념이 만년을 갑니다." 상무주암 도인의 법문이다.

이 스님은 「간절하면 통한다」에서도 등장한다. 무대는 전등사다. 전등사에서 이 노승을 특별초대해서 '현기 대선사 벽암록 전등 대법회'를 개최하는 자리였다. 현기 대선사는 시력이 나빠
다른 스님이 송頌을 한 편 읽으면 그걸 풀이해주는 식으로 『벽암록』 법문을 설법해나갔다.

시작하는 첫날 법상에 올라 "내가 나이가 많아서 책을 읽어가면서 강의하는 것은 불가不可해요. 옆에서 읽어주면 내가 강의할게요." 바로 앞에 있는 탁상시계의 시간도 구별하지 못하신다. 이렇게 해서 경전 연구로 널리 알려진 법랍이 지긋한 원순 스님이 송 하나를 읽으면 스님이 설법하는 방법으로 하고 있다. 『벽암록』 3칙 「마조일면불馬祖日面佛」을 설하며, 노승은 설두(980~1052)의 이야기를 전한다.

송頌
일면불월면불日面佛月面佛이여 / 오제삼황시하물五帝三皇是何物고/
이십년래중고신二十年來僧苦辛하니 / 위군기하창용굴爲君幾蒼龍窟고/
굴屈 / 감술堪述 / 명안납승막경홀明眼衲僧莫輕忽

마조 스님께서 일면불 월면불과 함께하는 경지에서 무슨 삼황오제(중국의 전설 속의 황제) 따위를 말할까 보냐. / 쓰디쓴 이십 년 세월이여, 그대를 위해 몇 번이나 창용굴에 갔던가. / 힘들었다, 어찌 다 말로 표현하리오. / 눈 밝은 수행자라도 소홀히 말게나.

"일면불, 월면불은 건강이 안 좋아 보이는 마조도일(709~788) 스님이 염려되어 살림을 맡은 원주가 물었다. 큰스님 건강이 어떠하냐고 묻자 마조가 답하기를 일면불월면불이지라고 하여 간화선의 공안이 되었다." 일면불은 1,800세 장수를 했고 월면불은 하루만 살았으니 이 대답의 뜻이 뭐란 말인가.

전등사 설법 중에 현기대선사는 상무주암에서 장좌불와 하던 대로 포행에 나섰다. 오랫동안 노승을 뵈며 선재 법명까지 받은 보살이 스님의 손을 마주 잡고 포행을 이어갔다. 그 둘에서 "달빛으로 들어가는 뒷모습이 독립영화를 보는 것 같다"라고 임 작가는 생각하며 첫 대면인 선재 보살에게 홀딱 반한다.

그냥 지나칠 관음화가 아니다. 얼른 노승 가까이 다가가 "상무주암에서 스님을 두어 번 뵌 적이 있어요. 스님은 아마 기억하지 못하실 거예요."라고 말을 걸자 "목소리가 귀에 익다. 목소리가 기억난다….".라고 노승은 답하며 법명을 묻자 '관음화'라고 답하며 자연스럽게 셋이 벤치에 앉자 "내 손을 따듯하게 잡아주셨다."

선재가 입을 열었다. 설법이 끝난 막간에 누군가가 내 곁으로 와서 일면불월면불이 무슨 말인지 모겠다고 푸념하는 소리를 듣고 그녀는 "사람들은 스님의 말씀을 또 해석하려고 하는구나!"라는 놀라운 말을 쏟아냈다.

관음화는 그녀의 말에 놀랐는데, 그녀는 "자신은 마음으로 말하지 않고 가슴으로 말"한다고 해서 "나(작가)는 그녀가 때리는 방망이에 또 맞았다." 사부대중은 모두 대선사라 부르며 예와 격식을 갖추건만 선재, 그녀는 '할아버지 스님'이라 불렀고 "할아버지는 선재의 손을 잡고 전등사에서 달빛 속으로 걸어갔다."

3. 교리문자를 뛰어넘는 인정세태

관음화의 문학세계가 이처럼 청초하기만 하다면 많은 독자에게 읽을거리로 다가가지 못할 것이다. 아무리 재가 보살이 선사들을 찾아다닌들 세속적인 연에 얽매인 속인으로야 인간미 물씬 풍기는 화두에 더 눈빛을 반짝일 것은 불문가지다. 이를 모르지 않는 임 도사는 「그 놈의 커피」에서 이런 도의 경지와 세속적인 삶의 갈등을 약간의 익살미로 그려주고 있다. 도통을 할 수 있는 비의의 문장을 발견하고는 자랑질을 할 자만에 빠져 신이 났을 그 찰나에 자신이 너무나 좋아하는 김이 모락모락 나는 캔 커피가 눈밭 위를 구르기에 그걸 잡고자 달려가다가 화두인 비의의 문장을 놓쳐버리고 꿈에서 깨어난다. "애착, 집착 때문에 앞으로도 꿈속에서처럼 손에 쥐었다가 놓치는 일을 반복하거나 아니면 아예 두 번 다시 기회가 없을지도 모를 일이다."라고 깨닫지만 진리는 멀고 입맛은 가깝다는 우주의 섭리를 벗어나기는 어렵다. 그래서 이를 초탈한 경지에 이른 사람을 우러러보지만 속인들은 우러러볼 사람을 도리어 외면하거나 경멸하기도 하는 판인데 그들을 우러러볼 줄 아는 것만도 대단하지 않은가.

이런 곤혹과 방황함의 한가운데에서 고뇌하는 걸 그리는 것도 문학의 한 영역이기도 하다. 문학이란 도의 경지를 그리기도 하지만 좌절한 인간이나 방황하는 영역도 너그러이 품어주는 자세에서 나온다. 이런 도량이 관음화의 수필에서는 느껴진다.

예컨대 「나는 아직도 꿈을 꾼다」에는 진공당 탄성眞空堂 呑星의 흔적을 찾는 걸 기화로 "진공당을 닮은 주지 스님과 마주 앉아 사방이 확 트인 방에서 녹차를 마시면서" 스님 세계에서의 비화를 듣게 된다. 삭발 스님에게도 3, 3, 3의 법칙이 있다며 "참인 도인이 세 명, 이것도 저것도 아닌 중이 세 명, 성격 괴팍한 중이 세 명 섞이게 된다"라는 세속과 다를 게 없다는 법칙, 그래서 상원사 선방의 겨울은 "스님들이 고방庫房에서 감자를 훔쳐다 밤마다 뒷방 아궁이에 감자 구워 먹는 재미"에 빠졌던 삽화를 전개한다. 이에 살림을 맡은 원주 스님은 "밥에 감자를 섞기 시작했는데 밥은 보이지 않고 감자만 보이자 스님들은 아무 말 못 하고 밤마다 얼굴에 검댕이 칠을 해가며 구워 먹던 재미를 중단"할 수밖에 없도록 했다는 비의가 등장한다.

이런 인간미가 없다면 진짜 도를 이룰 수 있을까 의아해지는 걸 다룬 글이 「인간적인, 너무나 인간적인」이다. 부석사의 창건주 의상義湘(625~702)을 사모한 당나라 여인 선묘 낭자의 이야기는 너무나 잘 알려져 있기에 구태여 소개할 필요도 없다. 이런 의상을 매개 삼아 몇 살 아래인 원효元曉(617~686) 이야기를 거론한 임 작가는 이 고승이 태종 무열왕의 둘째 딸로 과부가 된 요석공주와 요석궁에서 열나흘간 사랑에 빠졌던 걸 상기시키며 이런 공주의 일탈을 "원효가 중생의 아버지가 될 수밖에 없는 큰 기둥이라는 것 때문에 그를 사랑한 것은 아닐는지"라는 긍정적인 풀이를 내린다. 그를 사랑한 것이 이러매 그를 놓아준 것 또한 온 세상을 계도시킬 수 있도록 놓아준 것이라는 평가는 보살 작가다운 발상이다. 아마 이런 경지는 어쩌면 수필 문학이 갖는 최대한의 상상의 영역일 것이다.

그러나 소설이라면 달라질 수도 있다. 이광수는 뛰어난 불교 소설『원효대사』에서 설총을 낳은 요석이 어린 걸 안고 애비의 얼굴을 보여주고 싶다며 걸승 원효를 찾아 경주를 떠나 북으로 향한다. 지금의 중앙선 철도와 엇비슷한 경로로 그녀가 소문을 쫓아 다다른 곳은 옛 조문국 도읍인 내 고향 의성이었다. 내가 어렸을 적에 뻔질나게 다녔던 빙계氷溪 얼음굴은 여름이면 더 추워져 얼음이 더 두꺼워신다는 유명한 관광지다. 이 소설에서 빙계를 묘사한 걸 보니 내가 본 것과는 너무나 달라 춘원은 필시 거길 가보지도 않고 기록에만 의존하여 과장한 것 같지만 원효와 요석의 관계는 절묘하게 묘파해내고 있다.

먼 길 걷느라 요석의 모습은 초췌하여 공주로서의 자태는 찾을 수 없을 지경에서 원효가 그 얼음굴 안에 들어가 있다는 뜬소문을 듣고 깊숙이 들어가다가 원효와 비슷한 한 걸승을 만났다.

원효로 착각하고 다가간 공주가 놀라자 그는 "놀라지 마시오. 나도 사람이오."라며, "공주가 원효대사를 찾아오신 모양이오만 원효대사는 벌써 다른 여자에게 마음을 옮겼으니 애써 찾을 것도 없지 아니하오."라고 점잖게 타이른다. 공주로서야 어떤 비렁뱅이가 자신의 신분을 알아보며 원효를 욕되게 하는가 싶어 "원효대사는 계집에 마음이 흔들릴 어른이 아닌가 하오"라고 얌전을 떨었지만, 그는 하핫 크게 웃으며 계집에 마음이 안 흔들리면 어찌 "요석궁 5월 밤에 공주의 방에서 운우지락이 낭자하여 아들을 다 낳았겠소? 하하하하"라며 조롱조였다. 공주는 태도를 바꿔 "젖먹이 어린 아들에게 아비의 얼굴을 보이려고 지향 없이 떠난 몸이니 어여삐 여기시오"라고 애원조로 나왔지만 그는 "사내 생각이 나서 원효를 찾아간단 말을 아니하고 왜 어린애를 팔아? 으응. 젖먹이가 아비를 보고 싶다 할까?"라고 놀려대다가 종내는 이렇게 막 나왔다.

"대사 원효를 찾아가겠거든 가보오 마는 사내 원효를 찾아가겠거든 차라리 여기서 나하고 하루 자고 가시오. 나도 오래 홀아비살림으로 계집을 보니 생각이 나오."(이광수, 『원효대사』)

공주는 바짝 긴장하여 품었던 손칼을 잡고 "이 몸에 손가락 하나만 건드려 보아라. 할퀴고 물어뜯고 늘어 잔뼈 하나 안 남겨 놓을 터이니"라며 뒷걸음치자 사내는 솔광불을 들며 굴속 길이 험하니 "내 뒤를 따르시오"라며 앞서서 굴을 빠져나오자 공주에게 간곡히 당부한다.

"나 같이 얼음구덩이에 앉아있어도 번뇌의 불이 좀체로 식지 아니하거든. 하하하하. 원효대사는 성질이 호탕하여서 이길 심이 부족해. 부디 공주는 더 원효대사를 유혹마시고, 또 아사가 아가씨와 보기 흉한 시앗새암은 마시오. 하하하하. 아사가도 장차 큰 스승 될 사람이야."

라며 원효가 머문 곳을 일러주었다. 공주가 원효를 만나자마자 저간의 자초지종을 알려주니 대사는 "월명이 그런 장난을 하였군."이라고 그 정체를 밝혔다. 바로 「도솔가兜率歌」와 「제망매가祭亡妹歌」의 선시인 월명사月明師다. 월명의 말 그대로 원효에게는 아사가라는 17세의 아리따운 데다 비범한 아가씨가 붙어 있어 공주로서는 아무리 억누르려 해도 질투심을 막을 길이 없었다. "음란이나 간사가 숨을 데가 없는" 아사가는 대놓고 원효의 아내 되기가 소원이라며 대사를 따랐다. 요석이 참다못해 "지금도 원효대사의 아내가 되고 싶어?"라고 추궁하자 서슴없이 "네"라며, 그 뜻을 아는 원효가 "공부를 하노라면 그 마음이 없어진다"라고 해서 열공 중이었다. 아무리 봐도 미워할 수 없는 그녀에게 요석의 속내는 질투로 들끓었다.

소설 이야기가 너무 길어졌으나 아마 아사가는 이 작품을 쓸 무렵 이광수의 구원의 이상상으로서의 동정녀였을 것이며, 임길순 작가는 원효와 아사가의 관계를 현기 대선사와 선재를 연상할 수 있을 것이다. 그런데 소설의 요석이 질투의 화신이 된 데 비하여 관음화 임길순은 선재에게 전혀 그런 감정을 갖지 않았으니 임 작가가 한 수 위가 아니겠는가.

둘 다 승과 속이 공존하면서도 도를 향해 나아가고 있음을 보여주기에 인간미가 없으면 신심도 없다는 명제가 나올 법하지 않은가.

이처럼 세속적인 인간미와 불심의 경지를 일치시켜 보여준 작품이 「경허의 호열자」다.

1879년 여름, 계룡산 동학사에서 이름을 떨치던 경허(鏡虛, 1849~1912)가 경기도 안양 근교의 청계사로 가다가 천안쯤 갔을 때였다. 장대비가 쏟아지자 어느 초가로 몸을 피한 데서 온 마을이 호열자로 시신이 뒹구는 걸 보고는 "자신도 몹쓸 전염병이 옮아 죽음의 그림자가 자신을 향해서 오고 있다는 공포"에 떨며 홀연히 발길을 돌려 동학사로 가서 자신이 가르치던 경전이 그 병을 막아주지 못하는 한낱 "교리문자敎理文字에 불과했다는 걸" 깨닫고 냉큼 제자들을 피접시켜 살려냈다는 것이다.

이만하면 흑사병이 창궐하는 데도 성당에서 하나님이 막아준다며 신심을 강조하던 저 『데카메론』 시대의 사제들이나, 코로나가 온 세상을 덮치는 가운데서 신이 보호해 줄 거라며 예배를 강행한 하나님 팔이 성직자들과는 차원이 다르지 않은가. 득도 즉 도라는 것이 공허한 게 아니라 세상만사를 똑바로 보는 눈을 가지는 것으로, 피실 앞에서 불도를 드리는 게 아니라 자신과 제자를 살리려고 한 그 민첩함이 도의 극치임을 절감케 한다.

4. 부처님과 하나님 중 누가 더 힘이 세지?

관음화의 도력이 경허 스님처럼 세속에서 위력을 발휘한 감동적인 체험기가 「그네 탄 송사」다. 사업으로 순풍에 돛 달았던 평온했던 집안이 "구설수로 송사에 얽혀서 기관에서 조서를 받으러 오라고 시도 때도 없이 전화"에 시달리던 판에 전 재산을 주식에 넣어둔 상태에서 IMF까지 겹치자 가장이 "밤이면 우황청심환을 먹고 잠자리에 들었지만 두세 시간도 못 자고 일어나 아파트 베란다에 멍하니 서 있었다." 여기에다 화불단행禍不單行이라 한 건물 공사를 해주고도 공사비를 못 받아 벗과 식사를 하다가 돈을 주고라도 그 잔금을 받고 싶다고 한 말을 선의를 가졌던 벗이 지인을 시켜 그들이 건물주를 위협해버린 일이 벌어졌다. 건물주는 약삭빠르게 종합병원에 입원해 채권자가 자신에게 폭행을 가했다고 고발해 버려 선량한 사업가인 가장은 조폭으로 몰려 온 집안 전체가 흔들리는 그네에 올려졌다. 이럴 때면 보통 사람들은 권세 가진 연줄 찾기에 매달리기 십상인데, 임 작가는 일단 "인생이라는 긴 학교에 엄청나게 비싼 수업료를 치렀다고 생각하고 훌훌 잊자며 남편"을 달래 점점 중심을 잡아 나갔다.

한편 남편이 조폭이 아니라 선량한 시민임을 입증할 증빙서류를 찾다가 오랫동안 한 보육원에 기부했던 묵은 영수증 다발을 찾아내어 그걸 제출한 이후 고발사건은 사라지게 되었다. 여기서 끝나면 글이 싱겁다고 하겠으나 작가는 그 후일담을 추가한다. 안정을 되찾은 남편이 아내가 "조금이라도 잔소리를 했으면 아마 자기는 아파트 10층에서 뛰어내렸을지도 몰랐다며 통 크게 잔소리하지 않은 나에게 고마워했다."라는 사족은 관음화가 평소에 쌓았던 도력이 관념적인 허황된 세계가 아니라 지극히 세속적인 인간미를 지녔음을 입증해 준다.

이런 세속적인 경지에 이른 글로 「줄탁동시」도 한몫해준다. 부부가 아들 형제를 데리고 산사에 갔다가 두 녀석의 지나친 장난기에 화가 나 체벌을 하려던 순간에 두 녀석이 나눈 대화다.

"형, 부처님은 거짓말쟁이다. 아까! 절에서 엄마가 부처님한테 절하면 소원 이루어진다고 했잖아. 그때 형은 뭐라고 기도했어?" 형은 말하면 소원이 이루어지지 않는다고 대답하는 눈치인데 막내가 연이어 대답을 강요한다. "난, 엄마한테 혼나지 않게 해달라고 기도했는데 바로 혼났잖아!" 아이고! 뒤통수가 가려워서 손에 들려 있던 회초리를 슬그머니 던졌다.

거기서 그치지 않았다. "아빠, 부처님하고 하느님하고 누가 힘이 더 세?"라고 추궁한다. 아무리 도사라도 아이들 앞에서는 제자로 변할 수밖에 없는 처지가 인생살이의 오묘한 경지 아니던가.

이래서 결국 글쓰기란 다산 정약용이 말했듯이 한 포기 나무 심기와 같음을 관음화 임길순의 작품들은 입증해 준다.

사람에게 있어 문장(문학)이란 초목에 있어 꽃과 같은 것이다.(人之有文章 猶草木之有華耳). 나무를 심을 때 우선 그 뿌리에 북을 주고 줄거리를 편안히 바로 세워주어야 한다. 그리하여 진액이 오르고 가지와 잎이 무성해지면 거기에서 꽃이 피는 것이다. 그러므로 나무를 잘 가꾸지도 않고 꽃만 보려고 서둘러서는 안 된다.
나무뿌리를 북돋우듯 자기의 마음을 바로잡고, 줄거리를 편안히 하듯 자기의 몸을 수양하고(하략).

(정약용, 「변지의에게 주는 말」)

이 밖에도 읽어야 할 작품들이 줄줄이 늘어서 있지만, 해설이 너무 길어져 여기서 맺기로 한다. 이 첫 수필집을 계기로 삼아 이제 더 높은 경지로 나아가는 발판이 되기를 기대한다.

임헌영(문학평론가)